Gwendolin Pari
P.I.

Meleri Wyn James

Golygyddion y Gyfres:
Dr Christine Jones
a
Julie Brake

Argraffiad cyntaf—2001

ISBN 1 85902 986 8

Cyhoeddwyd dan gynllun comisiynu Cyngor
Llyfrau Cymru.

Dymuna'r cyhoeddwyr gydnabod cymorth
Adrannau Cyngor Llyfrau Cymru.

Argraffwyd yng Nghymru gan
Wasg Gomer, Llandysul, Ceredigion

GWENDOLIN PARI P.I.

I
Andy
ein dysgwr disglair ni.

Diolch i Ann Lenny
am ei chymorth gyda'r clawr
ac i Awel am fodelu.

BYRFODDAU

eg	enw gwrywaidd
eb	enw benywaidd
egb	enw gwrywaidd neu enw benywaidd
ll	lluosog
GC	gair a ddefnyddir yng ngogledd Cymru
DC	gair a ddefnyddir yn ne Cymru

I

Mae hi'n rhedeg nerth ei thraed. Ond maen nhw'n ei dal hi. Mae hi'n gallu clywed lleisiau yn gweiddi. Lleisiau dynion. Mae'n gallu clywed cŵn yn cyfarth yn gas. Mae ofn arni hi.

Mae hi wedi ymlâdd ond mae'n rhaid iddi redeg. Mae'n rhaid iddi ddianc. Mae'n teimlo ei chalon yn ffrwydro ac mae ei choesau yn wan. Mae hi eisiau gorffwys. Dim ond am un eiliad fach. Yna, mae'n meddwl am ddannedd miniog y cŵn ac mae hi'n dechrau rhedeg yn gyflymach.

'Ar ei hôl hi!' Mae hi'n clywed llais yn y tywyllwch. Sawl un sydd yna? Does dim amser i feddwl.

Mae hi'n dywyll fel y fagddu. Mae'n teimlo canghennau'r coed yn ei chwipio yn greulon. Ond mae hi'n nabod y goedwig. Eu coedwig nhw.

'Y ffordd yma!' Mae'r ferch yn clywed gwaedd. Maen nhw'n ei dal. Mae hi'n gallu clywed eu hanadlu dwfn. Beth sydd orau? Rhedeg neu guddio? Rhedeg.

---

nerth ei thraed	full speed	*ar ei hôl hi*	after her
dal	to catch	*tywyll fel y fagddu*	pitch dark
llais (eg) *lleisiau*	voice	*cangen* (eb)	
gweiddi (gwaedd-)	to shout	*canghennau*	branch
cyfarth	to bark	*chwipio*	to whip
yn gas	nastily	*yn greulon*	cruelly
wedi ymlâdd	exhausted	*coedwig* (eb)	wood
dianc (dihang-)	to escape	*gwaedd* (eb)	shout
ffrwydro	to explode	*anadlu*	to breathe,
gwan	weak		breathing
gorffwys	to rest	*dwfn*	deep
eiliad (egb)	second	*cuddio*	to hide
miniog	sharp		

Yn sydyn, mae'n gweld golau trwy'r coed. Pe byddai hi'n cyrraedd y golau, byddai hi'n ddiogel. Mae'n rhedeg yn gyflymach.

Mae'r haul yn ei dallu. Mae'n teimlo awel oer y môr. Mae hi'n sylweddoli ei bod hi'n sefyll ar ben clogwyn! Dyma'r diwedd.

'Dyna hi!' Mae'n clywed gwaedd arall.

Mae hi'n meddwl amdano fe. Mae'n meddwl am ei gusan gynnes a'i freichiau cadarn. Mae'n neidio. Am eiliad, mae hi'n hedfan trwy'r awyr fel aderyn. Yna, mae'n taro'r dŵr yn galed. Mae hi'n cael ei bwyta gan y môr. Mae dannedd y tonnau yn crensian amdani.

Mae'r dynion yn sefyll ar ben y clogwyn am amser hir yn edrych. Rhag ofn. Ond mae'r ferch brydferth wedi diflannu o dan y dŵr.

Drannoeth, ar draeth unig, mae yna ferch. Mae hi'n gorwedd fel pe byddai hi'n cysgu. Mae ei llaw wedi cau mewn dwrn, fel pe byddai'n dal rhywbeth. Yn cuddio rhywbeth. Mae sgrech gwylan yn torri ar y distawrwydd. Mae ei bysedd yn symud yn araf. Mae'n agor ei llaw. Mae'r haul yn gwenu wrth weld beth sydd gan y ferch brydferth yn ei llaw.

dallu	to blind	prydferth	beautiful
awel (eb)	breeze	diflannu	to disappear
sylweddoli	to realise	drannoeth	the next day
ar ben	at the end of	gorwedd	to lie
clogwyn (eg)	cliff	dwrn (eg)	fist
cusan (egb)	kiss	dal	to hold
cadarn	strong	sgrech (eb)	scream
taro	to hit	gwylan (eb)	seagull
ton (eb) nau	waves (s)	distawrwydd (eg)	silence
rhag ofn	in case		

1

Dydd Llun:

'Rwyt ti'n hwyr!' meddai Mam-gu'n gas.

'Rhyw bum munud. Roedd llawer o draffig,' atebais i.

Mae hi'n iawn, wrth gwrs. Roeddwn i'n hwyr yn gadael y stiwdio deledu. Roeddwn i'n hwyrach fyth oherwydd damwain lorri ar yr M4.

'Pum munud? Rwyt ti hanner awr yn hwyr! Man a man i ni aros gartref.'

Dw i'n dechrau difaru cynnig mynd â Mam-gu am wyliau gyda fi. Ar ôl munud neu ddwy yn ei chwmni, mae Mam-gu'n fy ngwneud i'n benwan! Sut yn y byd dw i'n mynd i ymdopi â hi am wythnos gyfan? Dw i'n chwarae gyda fy mwclis yn nerfus. Roedd y mwclis yn anrheg gan Dat-cu yn ei ewyllys. Dw i'n chwarae â fy mwclis pan fydd rhywbeth yn fy mhoeni.

'Wel?' meddai Mam-gu'n ddiamynedd.

'Wel, beth?'

'Wel, dere i helpu gyda'r bagiau – yn lle sefyll fan yna yn siarad! Dw i'n wyth deg, ti'n gwybod.'

Wyth deg oed. Ond mae Mam-gu'n gwisgo esgidiau â sodlau uchel a sgert-fini.

---

man a man i ni	we might as well	*ewyllys* (eb)	will
difaru	to regret	*yn ddiamynedd*	impatiently
cynnig	to offer	*dere* (DC) *tyrd* (GC)	come on
gwneud yn benwan	to infuriate	*yn lle*	instead of
ymdopi â	to cope with	*fan yna*	there
mwclis	necklace, beads	*sodlau* (ll)	heels

11

Dw i'n cnoi fy ngwefus nes ei fod yn las. Dylwn i fod yn llai diamynedd gyda Mam-gu, mae angen hoe arni hi. Roedd hi'n anodd iawn colli gŵr ar ôl hanner can mlynedd o briodas. Roedd angen hoe arna i hefyd. Dw i'n gweld eisiau Dat-cu hefyd ac mae hi fel ffair yn y gwaith yn ddiweddar.

'Mae'r cesys yn y tŷ.'

Cesys. Nid cês. Mae ganddi hi ddau gês mawr, un bag mawr a bag llaw.

'Do'n i ddim yn gwybod beth i'w bacio,' meddai hi.

Roedd hi wedi penderfynu pacio ei dillad i gyd. Bydd angen bws i fynd â'r cesys i gyd i'r gwesty.

'Dych chi eisiau newid i rywbeth mwy . . . rhywbeth mwy cyfforddus?' dw i'n gofyn yn ddiplomyddol. Dw i'n gallu gweld dwy ben-glin dew. Beth bydda i'n ei weld pan fydd hi'n eistedd?

'Newid? Ro'n i ar fin gofyn yr un cwestiwn i ti. Beth wyt ti'n wisgo Gwendolin? Pyjamas?'

Mae'n pwyntio at fy nillad loncian. Roedden nhw'n ddillad drud – dros gan punt o *Dolce and Gabbana*!

'Dillad loncian yw'r rhain. Bydda i'n mynd i'r gampfa yn y gwesty.'

'Jiw, jiw. Campfa? Beth nesaf? Mae syniadau rhyfedd gyda chi ym Mryste.'

Unrhyw esgus i ladd ar Fryste. Dyw hi ddim yn hoffi

---

cnoi	to chew, to bite	*cyfforddus*	comfortable
gwefus (eb)	lip	*pen-glin* (eb)	knee
diamynedd	impatient	*ar fin*	on the point of
angen (eg)	want, need	*dillad loncian*	jogging clothes
hoe (eb)	spell, rest	*campfa* (eb)	gym
gweld eisiau	to miss	*Bryste*	Bristol
fel ffair	like a fair (busy)	*esgus* (eg)	excuse
cês (eg) *cesys*	case	*lladd ar*	to criticise

Bryste am dri rheswm. Dyw e ddim yng Nghymru. Mae Saeson yn byw yno. Mae'r Sais Derek (fy nghariad i) yn byw yno. Dyw hi ddim yn hoffi'r syniad ohono i'n byw ym Mryste o gwbl.

Mae'r cesys yn drwm iawn.

'Dere!' mae Mam-gu'n gweiddi gan gau drws y car yn glep. 'Neu fydd dim pwynt mynd o gwbl!' Mae ei hwyneb yn sur.

'Maen nhw'n ein disgwyl ni yn y gwesty cyn chwech o'r gloch. Dw i wedi dweud wrthyn nhw pwy wyt ti.'

'A phwy ydw i?'

'Un o'r newyddiadurwyr gorau yn y byd.'

'Mam-gu! Dw i ddim yn un o'r newyddiadurwyr gorau yn y byd.'

'Rwyt ti ar y teledu.'

'Ydw. Ar deledu lleol ym Mryste. Fyddan nhw ddim yn fy nabod i yng ngogledd Cymru.'

'Cawn ni weld,' meddai Mam-gu.

Dw i'n tanio'r injan. Mae Mam-gu'n fenyw benderfynol iawn. Dw i ar fin edrych yn y drych i weld a oes car yn dod. Ond mae Mam-gu yn gafael yn y drych i wisgo minlliw tew. Mae'r minlliw yn goch sgarlad. Dw i'n chwarae â'r mwclis eto. Mae minlliw ar ddannedd Mam-gu. Dw i'n dweud dim byd ac yn gyrru.

---

o gwbl	at all	*benyw* (eb) (DC)	woman
cau'n glep	to slam	*dynes* (GC)	
sur	sour	*penderfynol*	determined
disgwyl	to expect	*drych* (eg)	mirror
newyddiadurwyr (ll)	journalists	*gafael yn*	to take hold of
lleol	local	*minlliw* (eg)	lipstick
cawn ni weld	we shall see	*sgarlad*	scarlet
tanio'r injan	to start the engine		

2

Mae Mam-gu wedi mynd am dro. Amser i weld beth yw beth. Dyna ddwedodd hi. Amser i fi ymlacio. Mae hi'n fy ngyrru i'n wallgof. Dw i'n gwybod ei bod hi'n fam-gu i fi ond . . .!

'Sut dach chi?' meddai Mr Edward Windsor, perchennog y gwesty, wrth i ni gyrraedd. Bonheddwr yw Mr Windsor.

'Beth ddwedodd e?' gofynnodd Mam-gu i fi. Gwnaeth hi anwybyddu Mr Windsor.

'Mae e'n gofyn 'sut mae'?'

'Pam na ddwedodd e hynny?'

'Mae'n siarad iaith y gogledd, Mam-gu.'

'Eich nain yw hon?' gofynnodd Mr Windsor. Roedd ganddo fe ben moel a mwstás seimllyd.

Atebodd Mam-gu drosta i,

'Nage. Ei *Mam-gu* hi ydw i.'

'Dyna ddwedodd e. 'Nain' mae pobl y gogledd yn galw 'Mam-gu',' meddwn i. Gwenais ar Mr Windsor i ymddiheuro.

'Dych chi'n nabod Gwendolin, siŵr o fod,' meddai Mam-gu wrth y dyn. Roedd ei gorff tenau mor stiff â'i grys.

'Gwendolin?' meddai Mr Windsor yn feddylgar.

gwallgof	insane	*seimllyd*	greasy
perchennog (eg)	owner	*drosta i*	for me
bonheddwr	gentleman	*meddwn i*	I said
anwybyddu	to ignore	*ymddiheuro*	to apologise
moel	bald	*yn feddylgar*	thoughtfully

14

Roedd e'n meddwl am amser hir iawn, 'Nac ydw. Mae'n flin gen i,' meddai fe yn y diwedd.

'Mae hi'n enwog. Mae hi ar y teledu. Mae Gwendolin yn newyddiadurwraig deledu bwysig iawn.'

'Mam-gu!' meddwn i. Roeddwn i'n cochi hyd fy nghlustiau.

'Diddorol iawn,' meddai Mr Windsor. Roedd e'n ddyn ffein iawn.

'Roedd ei thad-cu yn ddyn pwysig iawn hefyd. Roedd e'n Fonheddwr.'

'Gawn ni'r allwedd i'r ystafell, os gwelwch yn dda?' gofynnais i.

'Wrth gwrs, Madam.'

Roedd Mr Windsor yn edrych arna i'n rhyfedd iawn.

'Hoffech chi help gyda'ch bagiau?' gofynnodd e.

'Na hoffen. Daw Gwendolin â'r bagiau,' meddai Mam-gu.

Diolch yn fawr, meddyliais i!

'Dyn ffein iawn. Trueni dyw e ddim yn siarad Cymraeg yn iawn,' meddai Mam-gu yn uchel. Roeddwn i'n siŵr bod Mr Windsor wedi ei chlywed hi.

'Pam ddwedoch chi hynny?' gofynnais i Mam-gu yn y lifft. Yn rhyfedd iawn doedd hi ddim wedi mynnu fy mod i'n cerdded y grisiau. Roeddwn i'n dechrau colli amynedd.

---

meddai fe[1]	he said	*ffein*	agreeable
newyddiadur-wraig (eb)	journalist	*allwedd* (DC) *agoriad* (GC)	key
cochi	to blush	*trueni*	a pity
cochi hyd fy nghlustiau	to blush to the roots of my hair	*mynnu*	to insist
		grisiau (ll)	stairs
		amynedd (eg)	patience

15

'Dweud beth?'

'Dweud fy mod i'n newyddiadurwraig bwysig. Mae'n embaras!'

'Mae'n wir! Byddi di'n un o'r newyddiadurwyr gorau yn y byd. Dw i wedi ei weld e yn y dyfodol.'

O, na, meddyliais i. Y lleisiau eto. Mae Mam-gu'n honni ei bod hi'n clywed lleisiau. Mae hi'n honni ei bod hi'n gallu gweld i'r dyfodol. Roedd hi wedi 'clywed' mai athrawes fyddwn i. Roedd hi wedi 'clywed' y byddwn i'n wraig briod â phedwar o blant cyn fy mhen-blwydd yn 25 oed. Dw i'n 30 oed ac yn ddi-blant. Derek yw'r peth agosaf i ŵr sydd gyda fi.

'Mae un broblem gyda'r pethau dych chi'n gweld, Mam-gu. Maen nhw'n anghywir!' meddwn i.

'Nac ydyn wir!' meddai hi.

'Beth am y tro 'na dwedoch chi wrth Anti Jen y byddai hi'n cael merch fach? Roedd hi wedi paentio'r ystafell yn binc a phrynu llond cwpwrdd o ffrogiau! Buodd hi bron â chael ffit pan gafodd Dewi Glyn ei eni!'

'Mae hyd yn oed y lleisiau'n anghywir weithiau.'

'Weithiau? Beth ddwedoch chi wrth y gweinidog? Byddai marwolaeth yn y teulu. Ac roedd ei wraig yn sâl ar y pryd.'

'Ffliw. Dyna'i gyd.'

'Ond roedd y gweinidog yn poeni ei enaid. Roedd e'n gweddïo trwy'r dydd!'

---

honni	to claim	*gweinidog* (eg)	minister
mai	*taw*	*marwolaeth* (eg)	death
di-blant	childless	*poeni ei enaid*	to be worried
anghywir	incorrect		sick
llond	full	*gweddïo*	to pray
buodd hi bron â	she almost		

'Ro'n i'n iawn. *Roedd* marwolaeth yn y teulu,' meddai Mam-gu'n benderfynol iawn.

'Pwy?' gofynnais i.

'Wel, Joey. Y byji.'

O'r nefoedd!

* * *

Mae fy ngwynt yn fy nwrn. Dw i newydd ddod yn ôl o'r gampfa. Mae chwys yn diferu i lawr fy wyneb a dw i'n anadlu'n drwm. Mae cnoc ar y drws. Yna, rwy'n clywed rhywun yn gweiddi.

'Iw-hw!'

Mam-gu.

'Helô, Gwendolin,' meddai Mam-gu.

'Oes rhaid i chi fy ngalw i'n Gwendolin? Gwen mae pawb yn fy ngalw i ym Mryste. Dw i'n casáu'r enw 'Gwendolin'.'

'Dw i ddim yn gwybod pam. Mae'n enw mor bert,' atebodd Mam-gu.

'Mae'n llond ceg o enw – Gwendolin. Am enw mawr i faban bach! Roedd pawb yn gwneud hwyl am fy mhen yn yr ysgol fach,' meddwn i.

'Roedd Dat-cu yn dwlu ar yr enw Gwendolin. Dyna enw ei fam.'

Yn sydyn, mae golwg bell ar Mam-gu.

'Dych chi'n iawn?' dw i'n gofyn.

'Ydw. Pam?'

---

o'r nefoedd	good gracious	*diferu*	to drip
fy ngwynt yn	(I'm) out of	*casáu*	to hate
fy nwrn	breath	*dwlu ar*	to love
chwys (eg)	sweat	*golwg* (egb)	look

17

'Wel, dyma ble daeth Dat-cu a chi ar eich mis mêl, yntê?'

'Ie. Roedd ei ddat-cu e yn dal pysgod i'r Plas, ar un amser. Roedd Dat-cu yn helpu weithiau,' meddai Mam-gu'n drist. Yna, meddai hi'n fwy bywiog, 'Efallai gwelwn ni fe.'

'Gweld pwy?'

'Wel Dat-cu, wrth gwrs.'

Mae Mam-gu'n hen. Dw i ddim eisiau brifo ei theimladau. Ond . . .

'Mam-gu . . . Mae Dat-cu wedi marw,' meddaf i.

'Wel ydy, siŵr. Dw i'n gwybod hynny, Gwendolin!'

'Dyw Dat-cu ddim yn dod yn ôl,' meddaf i eto.

'Wel, nac ydy. Dw i'n hen, ond dw i ddim yn ddwl!'

'Sut fyddwch chi'n ei weld e 'te?'

'Efallai fydd e ddim yn gallu dod ei hunan. Dw i ddim yn gwybod sut mae pethau fel hyn yn gweithio yn y nefoedd. Efallai bydd e'n anfon negesydd. Angel . . . neu golomen wen.'

'Colomen wen?' Dw i'n poeni am Mam-gu weithiau.

'Mae Duw yn anfon llawer o negeseuon trwy golomennod gwynion. Does dim postmon na ffôn yn y nefoedd.'

Rhaid i fi beidio â bod yn ddiamynedd. Mae Mam-gu'n gweld eisiau Dat-cu o hyd.

---

mis mêl	honeymoon	*colomen wen*	dove
bywiog	lively	*neges* (eb)	message (s)
brifo	to hurt	*negeseuon*	
meddaf i[1]	I say	*colomennod*	doves
dwl	crazy	*gwynion* (ll)	
y nefoedd	heaven	*o hyd*	still
negesydd (eg)	messenger		

18

'Beth dych chi'n feddwl bydd Dat-cu . . . neu'r golomen wen . . . yn ddweud?'

'Dw i ddim yn gwybod beth fydd e'n ddweud. Eto. Ond bydd llawer gyda fe i'w ddweud. Dw i ddim wedi'i weld e ers amser.'

Dw i ddim yn holi mwy. Dw i'n sychu fy wyneb â thywel. Efallai bod angen bwyd arni hi.

'Wyt ti'n iawn?' mae hi'n gofyn i fi.

'Ydw. Pam?'

'Rwyt ti'n edrych fel pe byddai rhywun wedi ymosod arnat ti!'

'Dw i wedi bod yn rhedeg.'

'O . . . Ble?'

'Dim un man arbennig. Dw i'n rhedeg ar y *treadmill*.'

Mae Mam-gu'n edrych arna i'n syn.

'Peiriant yw *treadmill*. Dych chi'n rhedeg ac yn dal i aros mewn un man,' meddaf i.

'O. Dw i'n gweld.'

Mae'n amlwg nad yw hi'n gweld o gwbl.

---

holi	to ask, to inquire	*man* (egb)	place
		yn syn	surprised
ymosod ar	to attack	*amlwg*	obvious

3

Dim ond y noson gyntaf yw hi, ond dw i wedi penderfynu. Dw i ddim yn hoffi'r lle. 'Dyn ni'n mynd i'r ystafell swpera. Fel gweddill y Plas, mae'r ystafell yn dywyll iawn. Mae'n llawn celfi trwm a phren tywyll. Mae pennau anifeiliaid ar y waliau. Cadno fan hyn. Carw fan acw. A beth yw hwnna? Blaidd? Sgerbydau o'r gorffennol. Mae'r pennau anifeiliaid yn troi arna i. Mae ias yn saethu i lawr asgwrn fy nghefn. Dim am y tro cyntaf.

'Dyn ni'n eistedd wrth y bwrdd a darllen y fwydlen.

'Sut dych chi, Mam-gu?' gofynnaf.

'Jiw, jiw, Gwendolin. Rwyt ti wedi gofyn hynny'n barod.'

'Ydw. Ond, sut dych chi ar ôl colli Dat-cu?'

'Dw i'n iawn. Ond . . .'

Dw i'n edrych arni hi'n llawn cydymdeimlad. Mae'n agor ei chalon i mi o'r diwedd.

'Ond, dw i methu penderfynu rhwng y cawl a'r *brie* wedi'i ffrio mewn briwsion bara.'

gweddill (eg)	remainder, rest	*sgerbydau (ll)*	skeletons
llawn	full	*troi ar*	to nauseate
celfi (eg)	furniture	*ias (eb)*	shiver
pren (eg)	wood	*saethu*	to shoot
cadno (eg)	fox	*asgwrn fy nghefn*	my spine
fan hyn	here	*bwydlen (eb)*	menu
carw (eg)	deer	*llawn*	full of
fan acw	over there	*cydymdeimlad (eg)*	sympathy
blaidd (eg)	wolf	*o'r diwedd*	at last

'Ro'n i'n meddwl bod caws yn eich gwneud chi'n sâl.'

'Ydy. Ond dw i ar fy ngwyliau.'

Fel pe byddai *hynny*'n ateb.

'Dych chi'n teimlo'n unig weithiau?'

'Weithiau. Ond mae Dat-cu a fi'n sgwrsio'n reit aml. Fi sy'n siarad, wrth gwrs. Dim ond gwrando mae Dat-cu. Ar hyn o bryd.'

Mae'r gweinydd yn dod i gymryd yr archeb. Mae ganddo lond pen o wallt gwyn fel eira, a sgerbwd o wyneb. Mae'n edrych mor hen â'r Plas. Mae Mam-gu'n gwenu'n bert arno fe. Mae hi'n gwneud llygaid llo bach. Ydy hi'n ei ffansïo?

'Beth yw'r *brie* yma?' mae hi'n gofyn mewn llais crand iawn. Dyw hi ddim yn swnio fel Mam-gu o gwbl.

'Caws meddal o Ffrainc, Madam,' meddai'r gweinydd.

'Caws. Yr holl ffordd o Ffrainc? Beth am gaws o Gymru?'

Dw i eisiau diflannu trwy dwll yn y llawr.

'Mae'r caws yn cael ei wneud yng Nghymru. Ond caws Ffrengig yw e, Madam,' meddai'r gweinydd.

Mae Mam-gu'n nodian ei phen. Ond dyw hi ddim yn deall o gwbl.

'Un cawl ac un cyw iâr. Dim saws. Dw i ddim yn hoffi bwyd *rich*.'

Mae'r waiter yn troi ata i.

---

sgwrsio	to chat	*llo* (eg)	calf
gweinydd (eg)	waiter	*swnio*	to sound
archeb (eb)	order	*twll* (eg)	hole
sgerbwd (eg)	skeleton	*saws* (eg)	sauce

'Paté cartref i ddechrau, a chig oen i'r prif gwrs,' meddaf i. 'Dych chi eisiau rhannu potelaid o win, Mam-gu?'

Dw i'n gwybod bod Mam-gu'n hoffi diferyn bach. Fyddai hi byth yn cyfaddef hynny o flaen Dat-cu. Roedd e'n ddiacon yn y capel. Doedd e byth yn yfed alcohol.

'Potelaid o win? Jiw, jiw! Nac ydw!' meddai Mam-gu, gan chwerthin yn ffals ac yn uchel. Mae pobl ar fyrddau eraill yn troi i edrych.

'Un gwydraid o win, os gwelwch yn dda,' meddaf i.

'Ac un i fi. Un mawr,' meddai Mam-gu.

Dw i'n edrych arni hi'n syn, ond dw i'n dweud dim.

'Roedd e'n edrych arnat ti,' meddai hi ar ôl i'r gweinydd fynd.

'Pwy?'

'Y gweinydd. Mae e'n dy nabod di siŵr o fod. Ar y teledu. Bachgen ffein iawn.'

Dw i ddim yn gwybod sut roedd hi'n gallu galw'r hen ddyn yna'n 'fachgen'.

'Wyt ti'n gwybod pwy welais i'r wythnos diwethaf?'

'Pwy?'

'Llewelyn Rhun,' meddai Mam-gu.

Llewelyn Rhun oedd fy nghariad i yn yr ysgol fach. Un tro, dwedodd y 'lleisiau' wrth Mam-gu y bydden ni'n priodi. Mae hi'n mynd ymlaen ac ymlaen amdano fe byth ers hynny.

'Sut mae e?' gofynnaf.

'Sengl.'

---

rhannu	to share	*o flaen*	in front of
diferyn (eg)	a drop	*diacon* (eg)	deacon
cyfaddef	to admit	*gwydraid* (eg)	glassful

22

Yr un hen stori.

'A sut mae e – *ar wahân* i'w statws priodasol?'

'Mewn swydd dda iawn. Mae tomen o arian gan y bachgen yna. Pwy wyt ti'n feddwl roedd e'n gofyn amdani?'

'Pwy?' Dw i'n gwybod beth fydd yr ateb cyn gofyn.

'Wel, *ti* Gwendolin fach! Gwnes i ddigwydd dweud dy fod ti'n newyddiadurwraig bwysig iawn a dy fod ti heb briodi.'

'Mam-gu!'

'Mae eisiau tamaid bach o help arnot ti. Rwyt ti'n dri deg, cofia. Rwyt ti'n rhy hen i lawer o ddynion sengl. Yn fy oes i byddai merch dri deg oed yn hen ferch. Ar y silff.'

'Dw i ddim yn hen ferch, diolch yn fawr! Mae Derek gyda fi.'

'O ie. Derek.'

'Beth dych chi'n feddwl, 'O ie. Derek.'?'

'Wel Sais yw hwnnw. Beth fyddi di'n wneud – pan fyddi di'n dod yn ôl i Gymru? Dyw e ddim yn siarad Cymraeg.'

Dw i'n gwybod beth sydd y tu ôl i'r 'pan fyddi di'n dod yn ôl i Gymru'. Mae gan Mam-gu ei rhesymau ei hunan dros fod eisiau fy ngweld i yn ôl yng Nghymru. Yn rhyfedd iawn, dyw hi ddim wedi sôn am hynny. Eto.

'Gall Derek ddysgu Cymraeg. Mae cannoedd o bobol yn dysgu Cymraeg bob blwyddyn,' meddaf i.

'Dysgu Cymraeg! Beth nesaf?'

---

ar wahân i	apart from	*tamaid* (eg)	a little bit
priodasol	marital	*hen ferch*	spinster
tomen (eb)	pile	*sôn am*	to mention

Gallech chi feddwl ei fod e'n rhywbeth cwbl amhosib does neb wedi ei wneud erioed. Mae'r gweinydd yn dod â'r gwin. Ydw i'n gweld pethau, neu ydy Mam-gu yn wincio arno? Mae e'n mynd.

'Yn y dderbynfa, dwedoch chi fod Dat-cu yn fonheddwr,' meddaf i i newid y sgwrs.

'Ydy, ydy. Cofia, dw i ddim yn hoffi bragian am y peth.'

Roedd hi'n anodd credu hynny! Dw i'n rholian fy llygaid. Dw i ddim yn gwybod a ydy hi'n fy ngweld.

'Ro'n i'n meddwl mai pysgotwr oedd tad Dat-cu.'

'Ie, ie. Pysgotwr oedd e.' Dw i'n aros yn amyneddgar. 'Ei fam oedd â'r gwaed glas 'te?'

'Jiw, jiw, na! Gwraig o deulu cyffredin iawn oedd ei fam. Teulu cyffredin iawn, iawn hefyd.'

Tawelwch.

'Ble mae'r gwaed glas yn y teulu, 'te?'

'Ei dad.'

'Ond dych chi newid ddweud . . .'

'Do, do. Rwyt ti'n drysu nawr, Gwendolin.'

Hi sydd wedi drysu, os dych chi'n gofyn i fi.

'Ssh!'

Mae'n rhoi ei bys at ei cheg. Mae'r gweinydd yn rhoi'r bwyd ar y bwrdd. Does gan Mam-gu ddim llawer o ddiddordeb yn y bwyd. Mae ganddi hi fwy o ddiddordeb ym mhen-ôl y gweinydd!

'A gwydraid arall o win. Un mawr,' meddai Mam-gu. Mae ei llais yn mynd yn uwch gyda phob sip o win.

---

derbynfa (eb)	reception	*cyffredin*	common,
bragian	to boast		ordinary
yn amyneddgar	patiently	*drysu*	to be confused
		pen-ôl	bottom

'Ro'ch chi'n dweud wrtha i am hanes Dat-cu,' meddwn i.

'O, ie. Doedd ei dad ddim yn dad go-iawn iddo fe, ti'n gweld. Wyt ti'n deall?'

'Ydw. Dw i'n meddwl.'

'Ond roedd ei dad iawn yn fonheddwr pwysig iawn.'

Cyn i fi gael cyfle i ofyn mwy, mae hi wedi mynd ar drywydd newydd.

---

bonheddig   noble   *trywydd* (eg)   scent

4

Dydd Mawrth:

Erbyn i fi godi mae Mam-gu yn cael brecwast. Mae ganddi hi lond plât o facwn, selsig, wy a madarch o'i blaen. Ond dyw hi ddim yn bwyta'r bwyd. Mae hi mor wyn â'r galchen. Y gwin, dw i'n meddwl wrth fy hunan.

'Chredet di byth pwy welais i,' meddai.

'Llywelyn Rhun?' dw i'n gofyn.

'Dat-cu,' meddai fel bollt.

O'r nefoedd!

'Breuddwydio ro'ch chi?'

'Nage. Sut gallwn i freuddwydio? Ro'n i ar ddihun. Sut gallwn i gysgu yng nghanol yr holl sŵn yna?'

'Pa sŵn? Cysgais i fel twrch.'

'Braf dy fyd di, Gwendolin. Byddet ti'n cysgu trwy ddaeargryn. Ro't ti yr un peth pan o't ti'n faban. Un tro, aeth dy fam â ti at y doctor. Roedd hi'n meddwl bod rhywbeth yn bod arnat ti. Ro't ti'n cysgu am oriau. Dwedodd y doctor nad oedd dim byd yn bod arnat ti. Ro't ti jest yn ddiog, meddai fe.'

Dw i'n cnoi fy nhafod. Dw i'n gafael yn y mwclis fel plentyn bach yn gafael mewn tedi bêr.

'Ro'n i'n cysgu'n braf neithiwr,' meddai Mam-gu.

madarch (ll)	mushrooms	ar ddihun	awake
mor wyn â'r galchen	as white as a sheet	fel twrch	like a boar (soundly)
fel bollt	like a shot	daeargryn (eg)	earthquake
breuddwydio	to dream	diog	lazy
		tafod (eg)	tongue

'Dihunais i tua thri o'r gloch. Dw i'n gwybod ei bod hi'n dri o'r gloch oherwydd edrychais i ar y cloc bach. Ro'n i'n clywed synau rhyfedd.'

'Pa fath o synau?'

Dw i'n dechrau gofidio.

'Sŵn clanc-clanc,' meddai Mam-gu.

'Peips, siŵr o fod. Mae'r lle yma'n hen fel Adda,' meddaf i.

'Na. Roedd e'n swnio fel cyffion yn taro yn erbyn ei gilydd. Yna, roedd sŵn bwm-di-bwm-di-bwm. Fel corff yn cael ei dynnu i lawr grisiau. Dw i'n dweud wrthot ti Gwendolin, roedd rhywbeth rhyfedd iawn yn digwydd.'

'Pam fyddai Dat-cu yn mynd clanc-clanc a bwm-di-bwm-di-bwm?'

Mae fy nhrwyn newyddiadurwraig i'n dechrau cosi.

'Dim *Dat-cu* oedd yn mynd clanc-clanc a bwm-di-bwm-di-bwm! Y ferch ddwl! Roedd llond bol o ofn arna i ac wedyn clywais i lais Dat-cu yn dweud, 'Paid â phoeni. Dw i yma i ofalu amdanat ti'. Mae e fel angel yn gofalu amdana i.'

Dw i'n berson lwcus. Roeddwn i'n dri deg oed cyn colli person agos iawn i fi. Ar ôl marwolaeth Dat-cu bues i'n darllen am alar. Mae pobl yn delio â galar mewn gwahanol ffyrdd. Mewn rhai gwledydd, mae'r menywod yn gweiddi yn yr angladd. Dyna sut maen nhw'n dangos eu galar. Mae'n anodd i bobl eraill

---

dihuno	to wake up	*cyffion* (ll)	shackles
synau (ll)	sounds	*corff* (eg)	body
gofidio	to worry,	*cosi*	to itch
	to be anxious	*galar* (eg)	mourning
Adda	Adam		

dderbyn marwolaeth. Maen nhw eisiau dal eu gafael yn y person sydd wedi marw. Dyn nhw ddim eisiau gadael iddyn nhw fynd. Dw i'n meddwl efallai mai dyna sut mae Mam-gu'n teimlo. Mae angen amser arni hi.

'Beth wnawn ni heddiw 'te?' dw i'n gofyn i godi ei chalon.

'Ro'n i'n meddwl mynd i'r amgueddfa yn y bore a mynd am dro o gwmpas y fynwent yn y prynhawn,' meddai Mam-gu. 'Gallen ni edrych ar y cerrig bedd – i weld beth fydden ni'n hoffi ar ein cerrig bedd ni.'

Dyna'r syniad gwaethaf dw i erioed wedi ei glywed.

'Dych chi'n siŵr mai dyna beth dych chi eisiau ei wneud? 'Dyn ni ar ein gwyliau, cofiwch. 'Dyn ni yma i ymlacio a mwynhau.'

'Ydw, ydw, dw i'n siŵr. Cawn ni hufen iâ wedyn – a'i fwyta wrth fynd am dro yn y fynwent.'

Dw i'n gafael yn y mwclis ac yn eu troi rownd a rownd a rownd. Hoffwn i ffonio Derek. Ond mae Derek ym Mharis ar fusnes. Braf ei fyd!

---

dal eu gafael	to keep their hold	*mynwent* (eb)	graveyard
		cerrig bedd	gravestones

5

'Ga i dywel, os gwelwch yn dda?" dw i'n gofyn i Mr Windsor yn y dderbynfa. 'Does dim tywelion glân ar ôl yn y gampfa.'

Dw i ddim eisiau gwastraffu amser. Dw i'n gwisgo fy hen drowsus loncian – y rhai mae Derek wedi eu golchi mewn dŵr rhy boeth. Maen nhw'n glynu am fy mhen-ôl fel ail groen. Dw i'n mynd i'r gampfa unwaith yr wythnos ym Mryste. Ond mae fy mhen-ôl yn llai na pherffaith. Dw i ddim eisiau i'r byd a'r betws weld.

'Wrth gwrs, Mrs Pari,' meddai Mr Windsor. Mae'n troi at y fenyw wrth ei ochr, 'Tywel i Mrs Pari, os gwelwch yn dda,' meddai'n siarp.

Dyw Mr Windsor ddim mor ffein wrth siarad â'i staff.

'Ydy popeth wrth eich bodd, Mrs Pari?' mae Mr Windsor yn gofyn.

'*Miss* Pari,' meddaf i. Mae'n gas gyda fi pan mae pobl yn cymryd yn ganiataol bod pob menyw yn briod.

'*Miss* Parri. Wela i. Dych chi ddim yn briod, felly.'

Ysgrifennodd e rywbeth yn y llyfr mawr. Oedd e'n nodi fy statws priodasol?

'Nac ydw, dim eto. Ond dw i'n derbyn cynigion. Dych chi'n cynnig?' meddwn i, gan ffugio chwerthin.

---

gwastraffu	to waste	*cymryd yn*	to take for
glynu	to stick	*ganiataol*	granted
croen (eg)	skin	*nodi*	to note
y byd a'r betws	the whole world	*cynigion* (ll)	offers
		ffugio	to feign

Gwenodd Mr Windsor. Daeth y fenyw â'r tywel. Doedd hi ddim yn gwenu. Roedd ei gwefus yn denau a chaled.

'Nid y tywel glas, Katie. Y tywel gwyn!' meddai Mr Windsor.

'Katie', wir! Ydy'r ddau yn cael affêr? Dw i'n teimlo'n flin dros Katie. Druan â hi os yw hwn yn gweiddi arni hi ddydd a nos. Mae Mr Windsor yn troi ei gefn.

'Lwcus, dych chi ddim yn briod â hwn,' sibrydais i wrth Katie. Mae hi'n edrych arna i'n syn. Mae'n rhaid bod Mr Windsor wedi fy nghlywed i, hefyd. Mae'n troi ata i,

'Miss Pari, dych chi wedi cwrdd â fy ngwraig? Mrs Katie Windsor.'

Dw i i eisiau marw yn y man a'r lle.

'Sori. Ro'n i'n meddwl mai chi oedd y . . .' Dw i ar fin dweud 'morwyn'. Dw i'n stopio fy hunan mewn pryd.

'. . . un o gyd-weithwyr Mr Windsor.'

Dw i'n edrych ar y fenyw am y tro cyntaf. Mae hi'n dalach na'i gŵr. Dyw Mr Windsor ddim yn ifanc ond mae hi'n flwyddyn neu ddwy'n henach na fe. Mae ei hwyneb wedi crychu. Ond mae ganddi hi doi-boi! Mae tipyn o dân yn y fenyw, felly!

'Mr Windsor a fi sydd biau'r Plas. Fel ei wraig, fi yw *meistres* y Plas,' meddai. Mae ganddi hi dipyn o feddwl o'i hunan.

---

blin	sorry	*yn y man a'r lle*	on the spot
druan â hi	poor her	*morwyn* (eb)	maid
sibrwd (sibryd-)	to whisper	*cyd-weithwyr* (ll)	colleagues
cwrdd â (DC)		*crychu*	to wrinkle
cyfarfod (GC)	to meet	*piau*	to own

'Buodd Mam-gu a Dat-cu yn aros fan yma ar eu mis mêl,' meddaf i i geisio dynnu sgwrs. Dw i wedi anghofio pob dim am embaras y trowsus loncian-rhy-fach.

'Y Bonheddwr, Mr Pari?' Mr Windsor sy'n gofyn.

Dw i'n cochi hyd fy nghlustiau wrth gofio bragian Mam-gu.

'Wel, ie. Fyddech chi ddim yma bryd hynny. Dych chi'n llawer rhy ifanc . . . Mae'r ddau ohonoch chi lot rhy ifanc . . .,' meddaf i'n gyflym. Rhag ofn bod Mrs Windsor yn meddwl fy mod i'n ceisio bod yn sarcastig. '. . . Roedd Mam-gu a Dat-cu wedi dathlu eu priodas aur. Hanner can mlynedd. Byddech chi'n llawer rhy ifanc.'

'Dy dad oedd yma bryd hynny, yntê Edward?' meddai Mrs Windsor. 'Edward yw etifedd y Plas. Cafodd e'r Plas gan ei dad, a chafodd ei dad y Plas gan ei dad e. Mae'r Plas yn y teulu ers blynyddoedd mawr. Cafodd Edward ei enwi ar ôl ei Dat-cu.'

'Dyna ryfedd. Edward oedd enw fy Nhat-cu i hefyd! Mae'n siŵr o fod yn ddiddorol iawn, hanes y Plas. Mae'n siŵr eich bod chi'n gwybod yr hen hanesion i gyd. Yr helyntion. Y sgerbydau teuluol!'

Dw i'n chwerthin ar ben fy jôc fy hunan. 'Dyn nhw ddim yn gwenu. Mae'n amlwg nad ydyn nhw'n deall hiwmor yr Hwntws.

---

tynnu sgwrs	to coax a conversation	*etifedd* (eg)	heir
bonheddwr (eg)	gentleman	*gan*	from
dathlu	to celebrate	*helyntion* (ll)	troubles
aur	gold	*teuluol*	family

'Dw i'n newyddiadurwraig, dych chi'n gweld. 'Dyn ni byth *off-duty*. 'Dyn ni'n chwilio am stori drwy'r amser!'

Maen nhw'n edrych arna i'n rhyfedd iawn. Dw i eisiau dianc i'r gampfa'n gyflym a dw i'n troi fy nghefn i fynd.

'Miss Pari?' meddai Mr Windsor wrth fy nghefn.

Beth mae e eisiau nawr?

'Eich tywel.'

'O, ie. Diolch yn fawr,' meddaf i mewn llais bach fel llygoden.

Dw i ddim yn edrych yn ôl. Ond dw i'n gallu teimlo pedwar llygad yn llosgi fy nghefn.

6

'O, mae'n braf yma! Does dim byd fel awyr iach,'
meddaf i. Mae hi'n amser swper eto. 'Dyn ni'n dwy yn
yr ystafell swpera yn bwyta swper da ac yn yfed *gin*
mawr. Mae Mam-gu yn dechrau cael blas ar ddiferyn
bach amser bwyd. Geiriau gwag ydyn nhw. Rhywbeth i
dynnu sgwrs. Ond, mae Mam-gu yn gweld ei chyfle.
Mae'n neidio fel anifail gwyllt.

'Wel, rwyt ti yng Nghymru, ti'n gweld, bach. Mae
Cymru yn llawn awyr iach. Yn wahanol i Fryste. Mae
Bryste yn llawn mwg a *fumes* ceir sy'n gwenwyno dy
gorff. Ych a fi! Dw i wedi darllen yn rhywle, mae'n rhy
beryglus i fynd ma's o'r tŷ ym Mryste. Oherwydd y
fumes.'

'Dyw pethau ddim mor wael â *hynny* ym Mryste,
Mam-gu.'

Dw i ddim yn gwybod ble mae hi'n darllen y pethau
yma.

'Bydd hi'n llawer brafiach unwaith byddi di'n ôl yng
Nghymru,' meddai hi.

'Fydd hynny ddim am flynyddoedd mawr,' dw i'n ateb.

Mae Mam-gu'n chwerthin, 'Ond fyddi di ddim yn
gallu rhedeg y busnes o Fryste, Gwendolin!'

Mae hi'n dweud y gair 'Bryste' fel pe byddai'n
siarad am afiechyd cas. Mae hi'n dweud y gair 'Derek'
yn yr un ffordd.

---

awyr iach	fresh air	*mwg* (eg)	smoke
cael blas ar	to enjoy	*gwenwyno*	to poison
diferyn (eg)	drop	*gwael*	bad
gwag	empty	*afiechyd* (eg)	disease

'Pa fusnes?' dw i'n gofyn. Dw i'n teimlo fel bod yn lletchwith.

'Wel, busnes Dat-cu. Y busnes ditectif.'

Roeddwn i'n ofni hyn. Roeddwn i'n ofni y byddai Mam-gu yn defnyddio'r gwyliau yma i fy mherswadio i gymryd busnes Dat-cu. Dw i'n gwybod fy mod i'n mynd i'w siomi hi.

'Mae'n flin gyda fi Mam-gu, ond dw i'n hapus ym Mryste. Dw i'n mwynhau gweithio fel newyddiadur-wraig.'

Mae Mam-gu'n chwerthin eto. Fel pe byddwn i wedi dweud y jôc orau yn y byd. Mae'n yfed llwnc mawr o *gin*.

'Byddet ti'n mwynhau bod yn dditectif. Roedd Dat-cu wastad yn dweud, 'byddai Gwendolin yn mwynhau bod yn dditectif' . . .'

'Doedd Dat-cu byth yn fy ngalw i'n 'Gwendolin'. 'Gwen' byddai e'n ddweud bob tro.'

Ond dyw hi ddim eisiau gwrando. 'Byddai Dat-cu mor falch pe byddet ti'n dditectif,' meddai.

Hen dric brwnt. Defnyddio Dat-cu fel yna. Blacmêl. Blacmêl emosiynol. Dyna'r enw am beth mae hi'n trio ei wneud.

'Yr un gwaith byddet ti'n wneud,' meddai. 'Chwilio am storïau. Storïau pobl. Datrys dirgelion. Byddwn i'n gallu dy helpu di. Ro'n i'n helpu Dat-cu yn aml, yn arbennig ar y diwedd. A byddet ti'n ôl yng Nghymru, yn agos at dy deulu.'

---

lletchwith	awkward	*balch*	glad
siomi	to disappoint	*datrys*	to solve
llwnc (eg)	gulp	*dirgelion* (ll)	mysteries
wastad	always	*yn aml*	often

34

Yn agos ati hi. Dyna beth mae hi'n ei feddwl. Dw i'n teimlo fy nghalon oer yn toddi.

Mae Mam-gu wedi gwneud ymdrech fawr â'i gwisg heno. Mwy o ymdrech o lawer na fi. Mae'n gwisgo ffrog fel rhai Sophia Loren. Ffrog dynn am ei chanol a llaes dros ei phen-gliniau. Mae'r ffrog yn wyn â smotiau du, gyda gwregys du am ei chanol. Mae ganddi ffigur menyw hanner ei hoedran. Pan welais i hi, roeddwn i bron â newid fy nillad. Dw i'n gwisgo trowsus du a thop du, plaen. Mae hi'n edrych yn fwy *glamorous* o lawer na fi!

'Roedd John yn dweud . . .,' meddai Mam-gu'n sydyn.

'John? Pwy yw John?' dw i'n gofyn ar ei thraws.

'Ti'n gwybod . . .'

'Nac ydw.'

Fyddwn i ddim yn gofyn pe byddwn i'n gwybod.

'Wel y gweinydd bach ffein yna. Ro'n i'n siarad â John y prynhawn 'ma. Dyn bach ffein iawn . . .'

Ble roeddwn i pan oedd yr affêr fach yma'n dechrau? Yn y gampfa, siŵr o fod.

'Mae hyd yn oed Dat-cu yn hoffi John,' meddai.

'Sut mae Dat-cu yn nabod John?' dw i'n gofyn yn syn. Dw i'n ofni clywed yr ateb. Dw i'n dychmygu ymweliad arall gan yr angel neu'r golomen wen sy'n mynd bwm-di-bwm-di-bwm.

'Mae John yn gweithio yn y Plas ers blynyddoedd mawr. Roedd e'n gweithio yma pan ddaeth Dat-cu a fi

toddi	to melt	*ar ei thraws*	across her
ymdrech (eb)	effort	*hyd yn oed*	even
llaes	loose	*dychmygu*	to imagine
gwregys (eg)	belt	*ymweliad* (eg)	visit

i'r Plas ar ein mis mêl. Cofia, do'n i ddim wedi ei nabod e i ddechrau. Mae e'n edrych lot yn henach! . . . O, helô John! . . .'

Mae Mam-gu'n gweiddi ar dop ei llais. Mae'r gweinydd pen moel yn cario dau blât sy'n llawn o fwyd. Dw i ddim yn gwybod sut mae e'n llwyddo i gario'r platiau. Roedd y waedd yn ddigon i wneud i fi ollwng fy nghyllell a fforc. Mae 'John' yn dod draw at ein bwrdd,

'Elsi. Sut dach chi?'

Elsi? Wir!

''Dyn ni'n iawn. Ond dw i'n cael trafferth gyda'r ferch yma!'

Pa drafferth?

'Dyw hi ddim eisiau dod yn ôl i Gymru at Mam-gu, cofiwch.'

'Fedra i'm coelio. Mae ganddi hi Nain mor hyfryd!'

'Peidiwch, John! Dw i'n cochi!'

Gigyls gwyllt. Dw i'n cochi hefyd. Dw i'n dechrau teimlo fel gwsberen.

'Roedd John yn dweud hanes y Plas i gyd wrtha i pnawn 'ma . . .' meddai Mam-gu gan gofio amdana i. '. . . Y dyn bach 'na yn y dderbynfa yw bòs y Plas. Fe yw'r etifedd. Mae'r Plas yn y teulu ers blynyddoedd mawr! Ond mae lot o hen storïau 'dyn nhw ddim yn siarad amdanyn nhw.'

Mae Mam-gu – a John – yn barod iawn i siarad am yr hen storïau. Y storïau does neb arall yn siarad amdanyn nhw.

---

gollwng	to let go of	*fedra i'm coelio*	I can't believe it
trafferth (eb)	trouble	*gwsberen* (eb)	gooseberry

'Maen nhw'n dweud bod ysbryd yma,' meddai. 'Bydd Dat-cu yn gartrefol iawn.'

Mae Mam-gu'n wincio ar 'John'. Mae e'n gwenu fel giât.

'Roedd Dat-cu Mr Windsor yn dipyn o ddyn gyda'r merched,' meddai fe. 'Roedd e'n briod ond doedd hynny ddim yn ei stopio fe. Y cadno bach! Maen nhw'n dweud ei fod e mewn cariad ag un ferch. Roedd hi'n feichiog – mae'n stori drist iawn. Fyddi di byth yn dyfalu beth oedd ei henw hi . . .'

'Mrs Pari. *Miss* Pari . . .'

Yn sydyn, mae Mr Windsor ei hunan yn sefyll yno. Mae e wedi cerdded at ein bwrdd heb i fi sylwi. Dw i'n gobeithio nad yw e wedi clywed Mam-gu yn siarad am ei deulu.

'Ydy popeth wrth eich bodd?' mae'n gofyn. Mae rhywbeth ffals yn ei wên fawr. Mae pobl gwrtais yn rhy gwrtais, weithiau. Os bydd e'n gofyn i fi 'ydy popeth wrth fy modd?' unwaith eto . . . bydda i'n sgrechian!

'Mae popeth yn arbennig!' meddai Mam-gu. 'Roedd John yn dweud hanes y Plas.'

Mae John yn edrych fel pe byddai wedi ei daro â bollt.

'Dych chi eisiau diod arall?' mae Mr Windsor yn gofyn.

'Dim diolch,' meddai Mam-gu. 'Mae gan John lot o storïau difyr am y Plas. Difyr iawn, hefyd.'

---

ysbryd (eg)	ghost	*sylwi*	to notice
cartrefol	at home	*cwrtais*	polite
giât (eb)	gate	*sgrechian*	to scream
cadno (eg)	fox (rogue)	*bollt* (eb)	bolt
beichiog	pregnant	*diod* (eb)	drink
dyfalu	to guess	*difyr*	amusing

Dw i'n gweld John yn wincio ar Mam-gu. Mae hi'n winc ryfedd. Mae Mam-gu'n wincio yn ôl.

'Bydd rhaid i chi esgusodi John,' meddai Mr Windsor. 'Mae'n noson brysur iawn heno. Mwynhewch.'

Un clic-clic o'i sodlau ac i ffwrdd â fe.

'Trueni,' meddai Mam-gu ar ôl iddyn nhw fynd. 'Maen nhw'n bobl mor ffein.'

'Trueni? Pam?'

'Yn *hay-day* y Plas roedd gan ŵr a gwraig y Plas bum morwyn, dau arddwr a bwtler. Ond nawr maen nhw'n rhedeg y lle fel gwesty i gael dau ben llinyn ynghyd.'

'Mae'n lle mawr. Mae'n siŵr bod llawer o gostau,' meddaf i. Dw i'n falch o gael sgwrs gall o'r diwedd.

'Costau mawr. Mae'r Plas mewn trafferth ariannol, dw i wedi clywed.'

'Trafferth ariannol? Sut dych chi'n gwybod hynny?'

Mae'r fenyw'n anhygoel. Hen drwyn go iawn. Mae Mam-gu'n gwenu, 'Mae mwy nag un ditectif yn y teulu,' atebodd hi.

esgusodi	to excuse	*call*	sensible
garddwr (eg)	gardener	*anhygoel*	incredible
cael dau ben llinyn ynghyd	to make ends meet		

II

Mae'r dyn tawel yn codi cyn y wawr. Mae'n codi cyn y wawr bob bore. Mae'n hoffi'r pentref yn y bore. Mae'r pentref yn dawel iawn. Mae'r bobl eraill yn eu gwelyau.

Mae'r dyn yn hoffi cymryd arno mai fe yw'r unig berson yn y byd i gyd. Mae'n hoffi gwylio'r niwl cynnar yn diflannu a phopeth yn dod yn glir. Mae'n hoffi gwylio'r ffenestri yn goleuo fel llygaid yn agor. Un ffenest, dwy ffenest, tair, pedair . . . Mae'r golau fel fflach o heulwen yn cynhesu bore oer y gaeaf.

Ar y traeth, mae'n teimlo graean y tywod yn crensian o dan ei draed. Mae'n codi'r gorchudd oddi ar Mary Ann fel pe byddai'n codi ei gariad.

'Dyna ti,' meddai fe'n dyner. Mae'n oer ac mae'r dyn yn tynnu ei got yn dynn amdano.

Mae e'n gwthio Mary Ann i'r môr yn araf. Mae'r gwaith yn ei gynhesu. Sblash! Mae Mary Ann yn codi ar y tonnau fel pe byddai hi'n nodio ei phen. Fel pe byddai'n dweud helô. Mae'r dyn tawel yn nodio ei ben yn ôl. Mae e'n gwylio'r tonnau ac yn meddwl am y pysgod. Mae hi wedi bod yn aeaf gwael. Efallai y byddai'n syniad mentro ymhellach i bysgota. Byddai'n

---

gwawr (eb)	dawn	*gorchudd* (eg)	cover
cymryd ar	to pretend	*yn dyner*	tenderly
goleuo	to lighten	*yn dynn*	tightly
fflach (eb)	flash	*gwthio*	to push
heulwen (eb)	sunshine	*tonnau* (ll)	waves
cynhesu	to warm	*mentro*	to venture
graean	gravel	*ymhellach*	further
tywod (eg)	sand		

braf dal llond cwch o bysgod. *Medrai fe* ddangos iddyn nhw wedyn. Fyddai neb yn chwerthin a'u boliau'n llawn. Beth wyt ti'n feddwl Mary Ann? Mentro? Mae Mary Ann yn nodio ei phen yn araf.

Yn sydyn, mae yna fflach o olau yn y graean. Mae rhywbeth yn symud yn y tywod. Pysgodyn? Dyma'r pysgodyn mwyaf rhyfedd mae e wedi ei weld erioed. Mae ofn arno fe. Mae'n aros ychydig ac yna'n cerdded ato.

---

cwch (eg) boat *medrai fe/gallai fe* he could

7

Dydd Mercher:

Roeddwn i'n meddwl na fyddwn i byth yn cysgu! Camgymeriad oedd dechrau darllen nofel am fenyw sy'n aros mewn Plas yn llawn ysbrydion. Camgymeriad mawr! Roeddwn i wedi rhoi llond bol o ofn i mi fy hun. Roeddwn i'n troi a throsi am oriau. Ond yn y diwedd, cysgais i . . .

Yn sydyn, dw i'n dihuno! Dw i'n clywed sgrech fel cri aderyn. Bu bron i fi neidio allan o fy nghroen. Mae sŵn mawr tu allan yn y coridor. Tu allan i fy ystafell i! Dw i'n eistedd i fyny yn y gwely. Dw i eisiau dianc. Dw i eisiau cuddio. Ond dw i wedi rhewi'n gorn gan ofn.

Tawelwch. Eiliad o wrando'n astud. Yna, mae rhywun yn troi bwlyn y drws. Bang! Mae'r drws agored yn taro'r wal.

'Pwy sydd yna?' dw i'n gofyn.

Tawelwch. Yna, llais bach, 'Gwendolin! Help!'

Mam-gu! Dw i'n goleuo'r lamp. Mae fy ngwynt yn fy nwrn.

'Dere! Gloi!' meddai. Mae hi mor wyn â'r galchen.

'Beth sy'n bod?'

'Corff. Mae corff yma!'

Dw i ddim yn credu fy nghlustiau. 'Corff . . . marw?' gofynnaf.

---

camgymeriad (eg)	mistake	*rhewi'n gorn*	to freeze solid
troi a throsi	to toss and turn	*yn astud*	intently
cri (eg)	cry	*bwlyn* (eg)	knob
bu bron i fi	I almost		

'Ie, corff marw. Mae pob corff yn farw. Dere! Yn lle eistedd fan yna fel taten soffa!' mae'n dweud yn ddiamynedd.

Dw i'n codi a gwisgo fy ngŵn nos. Mae ofn mawr arna i. Mae Mam-gu'n ddewr iawn. Dw i'n ei dilyn hi fel merch fach.

'Wow! Stop!' dw i'n gweiddi gan afael yn ei braich. O'r diwedd, dw i'n dihuno'n iawn. Dw i'n gweld perygl. 'Beth os yw . . . wel, y llofrudd . . . beth os yw e yna o hyd?'

'Os byddwn ni'n gweld y llofrudd, byddwn ni'n . . . sgrechian. Yn uchel. Iawn?'

'Iawn.'

Ymlaen â ni. 'Dyn ni'n edrych yn ofalus ac yn ofnus tu allan i'r drws. Ond does neb yno. 'Dyn ni'n cerdded yn araf allan i'r coridor yn dawel bach, bach.

'Dyna ni!' meddai Mam-gu gan bwyntio at y llawr.

Dw i'n gorfodi fy hunan i edrych. Dw i ddim wedi gweld corff marw o'r blaen. Mae'r llawr yn wag. Mae'r coridor i gyd yn wag.

'Ble mae e? Ble mae'r corff?' dw i'n gofyn.

'Fan yna. O flaen dy drwyn di,' meddai Mam-gu'n flin.

'Peidiwch â gweiddi arna i! Does dim byd yna, fenyw!'

Dw i'n colli fy limpyn, hefyd. Mae Mam-gu'n edrych ar y llawr. Dim byd.

'Mae e wedi mynd,' meddai.

taten soffa	couch potato	*yn ofnus*	timidly
gŵn nos (eb)	dressing gown	*gorfodi*	to force
dewr	brave	*o flaen*	in front of
dilyn	to follow	*yn flin*	crossly
llofrudd (eg)	murderer	*colli fy limpyn*	to lose my
ymlaen	on, onward		temper

Dw i'n grac. 'Dych chi wedi fy nghodi i o fy ngwely yng nghanol y nos . . . dych chi wedi rhoi llond bol o ofn i fi . . . am ddim rheswm o gwbl.'

'Dw i'n mynd i ffonio'r heddlu,' meddai Mam-gu.

'Ffonio'r heddlu? I beth?'

'I ddweud wrthyn nhw am y corff.'

'Pa gorff? Does dim byd yna!'

'Dyn ni'n dwy yn dal i sefyll yn y coridor. 'Dyn ni siŵr o fod wedi codi'r meirw gyda'r holl hw-ha.

'Fy stafell i! Nawr!' meddaf i.

Mae'n fy nilyn i'n ufudd. Am unwaith.

'Dw i wedi gweld corff marw o'r blaen, Gwendolin,' meddai Mam-gu.

'A sut dych chi'n gwybod ei fod e wedi marw? O'ch chi wedi teimlo ei byls e?'

'Wel . . . na.'

'Oedd e'n anadlu?'

'Roedd arna i ofn edrych! Ych a fi!'

'Wel, te . . .?' meddaf i'n falch. Fi sy'n iawn.

'Roedd yna gorff yn y coridor! Gwelais i fe. Pam fyddai dyn byw yn gorwedd yn y coridor ganol nos?'

'Efallai ei fod e wedi meddwi. Neu, efallai eich bod chi'n breuddwydio,' meddaf i. Mae heddiw wedi bod yn ddiwrnod hir.

'Efallai eich bod chi'n meddwl am bobl marw ar ôl bod yn y fynwent prynhawn 'ma. Roedd llawer o siarad am ysbrydion amser swper, hefyd.'

'Dw i ddim yn gweld pethau, Gwendolin! Dw i'n mynd i ffonio'r heddlu,' meddai'n benderfynol.

---

crac (DC)	angry	*yn falch*	gladly
meirw (eg)	dead	*yn benderfynol*	determindly
yn ufudd	obediently		

43

'Iawn. Dw i'n mynd yn ôl i'r gwely!' meddaf i.

Mae'r fenyw'n ystyfnig fel asyn. Diolch byth fy mod i'n wahanol iawn.

---

ystyfnig	stubborn	*diolch byth*	thank goodness
asyn (eg)	ass		

8

Roeddwn i'n breuddwydio. Breuddwyd braf. Roeddwn i ar draeth paradwys. Roedd y tywod yn wyn fel dannedd cyntaf. Roedd y môr yn las fel awyr Awst ac roedd yr haul yn gwenu'n braf.

'O, mae'n braf,' meddwn i wrth fy hunan.

Yna, trwy gornel fy llygaid dw i'n gweld bicini croen llewpart a wyneb cyfarwydd. Mam-gu!

Mae sgrech yn fy nihuno. Mae'n saith o'r gloch ar y cloc bach ger y gwely. Dw i'n araf yn sylweddoli mai'r ffôn sy'n sgrechian. Dw i'n codi'r derbynnydd.

'Helô. Mrs Pari?'

'*Miss* Pari,' meddaf i'n flin. Roeddwn i amser hir yn mynd yn ôl i gysgu ar ôl hylabalŵ Mam-gu a'r corff. Mae hi'n fore iawn o hyd.

'Miss Pari. Prif Arolygydd Owens sy'n siarad,' meddai llais awdurdodol iawn.

Prif Arolygydd! Beth sydd wedi digwydd nawr? Mae'r llais fel chwistrelliad o gaffîn. Dw i ar ddihun.

'Mae eich nain yma,' meddai'r Prif Arolygydd.

Dw i'n cofio am ddigwyddiadau neithiwr. Roedd Mam-gu wedi bygwth mynd at yr heddlu. Doeddwn i ddim o ddifri'n meddwl y byddai hi'n gwneud . . . yr hen gnawes fach!

---

paradwys (eb)	paradise	*Prif Arolygydd*	Chief Inspector
llewpart (eg)	leopard	*awdurdodol*	authorative
cyfarwydd	familiar	*chwistrelliad* (eg)	injection
ger	near	*bygwth*	to threaten
sylweddoli	to realise	*o ddifri*	seriously
derbynnydd (eg)	receiver	*y gnawes fach*	the little minx
yn fore	early		

'Miss Pari?'

'Sori. Dw i wedi cael sioc. Sori, Mr Arolygydd . . . Mam-gu. Ydy hi'n niwsans? Dw i'n gwybod sut un yw hi. Digon i wneud rhywun yn benwan! Bydda i yna nawr.'

Byddwn i'n colli brecwast yn y gwesty. Dyna un peth da am y gwyliau. Dw i'n siŵr o golli pwysau. Rhwng cerdded (o gwmpas y fynwent) a pheidio cael bwyd.

'Dyw pethau ddim mor syml â hynny,' meddai'r plisman. Mae ganddo fe lais fel drwm. 'Well i chi ddod i'r swyddfa.'

Mae pob math o syniadau dwl yn gwibio o gwmpas fy mhen.

'Mae hi'n iawn .. on'd yw hi?' dw i'n gofyn.

'Mae hi'n berffaith . . . ddiogel,' meddai'r plisman. Mae e'n ddyn o ychydig eiriau. Y math o berson sy'n mynd o dan fy nghroen i! Beth mae'r ffŵl dwl yn ei feddwl? 'Dyw pethau ddim mor syml â hynny'? Ydy Mam-gu mewn trafferth? Efallai ei bod hi wedi cael damwain. Sut yn y byd roedd hi wedi cyrraedd swyddfa'r heddlu? Bydd rhaid i fi gadw llygaid arni.

Roeddwn i mewn sioc. Ac yn fy sioc roeddwn i wedi anghofio gofyn ble roedd swyddfa'r heddlu. Welais i ddim llawer o bobl i holi chwaith. Dw i wedi pasio'r swyddfa ddwywaith cyn sylweddoli. Does dim bai arna i, chwaith. Mae'r swyddfa'n fach, fach fel bocs esgidiau. Dw i'n parcio'r car ar ochr y ffordd a chodi fy mhen yn hyderus.

---

penwan	weak-headed, light-headed	*math* (eg)	type
		chwaith	either
pwysau	weight	*bai* (eg)	blame
gwibio	to dart	*yn hyderus*	confidently

Tu mewn, mae yna oglau cemegau. Mae'r waliau concrit yn wyn ac yn oer. Mae lle'n fy atgoffa i o ysbyty. Dw i'n mynd at y blismones wrth y ddesg a rhoi fy enw. Cyn iddi hi ffeindio Mam-gu, mae Mam-gu'n ein ffeindio ni.

'Dyma hi nawr,' mae'n gweiddi. Mae plisman yn ei dilyn fel ci bach. 'Ble wyt ti wedi bod? Mae pobl yn aros. Mae Mr Owens yn aros.'

Dw i'n teimlo fel plentyn bach sydd ar fin cael stŵr gan oedolion am fod yn ddrwg. Dw i ddim yn gwybod pam. Dw i wedi gwneud dim byd o'i le.

'Ro'n i ar goll,' dw i'n ateb.

'O't ti wedi gofyn am gyfarwyddiadau? Rwyt ti'n newyddiadurwraig wael iawn! Mae hi wedi bod ar goll!' meddai Mam-gu dros y lle i gyd. Mae'r geiriau'n taro fel ergyd. Y gnawes hunanol! Dw i wedi dod i achub ei chroen a dyma hi'n gwneud hwyl am fy mhen. Dw i'n flin.

'Doedd neb o gwmpas. Dyw hi ddim yn naw o'r gloch eto. Ond os siapwch chi, byddwn yn ôl i gael te deg.'

'Arhoswch funud Mrs Pari,' meddai Mr Owens.

'Miss!' dw i'n gweiddi. Dw i'n flin. Yna, dw i'n callio. Dw i'n gwenu i ddangos fy mod i'n sori.

---

oglau	smell	*ergyd (eb)*	blow
cemegau (ll)	chemicals	*hunanol*	selfish
atgoffa	to remind	*gwneud hwyl*	to make fun of
ar fin	on the point of	*am fy mhen*	me
cael stŵr	to be told off	*te deg*	tea at 10.00
oedolion (ll)	adults	*callio*	to pull oneself
o'i le	wrong		together,
cyfarwyddiadau (ll)	directions		to wise up

Mae Mr Owens yn mynd â ni i ystafell fach, oer. Mae'r heddwas yn dod â the a bisgedi. Mae e'n dod yn ôl eto gyda bisgedi siocled – i Mam-gu. Mae hi wedi lapio'r plismyn i gyd o gwmpas ei bys bach.

'Mae'n bosib bod yna drosedd wedi digwydd,' mae Mr Owens yn egluro. 'Mae'n fater difrifol.'

Mae Mam-gu'n brysur yn dipio bisgedi siocled yn ei the a sugno'r briwsion yn swnllyd. Mae hi'n edrych yn gartrefol fel pe byddai hi yng nghanol ffrindiau.

'Pa drosedd?' dw i'n gofyn.

Mae Mr Owens yn edrych arna i'n syn. Dw i'n meddwl ei fod e ar fin tagu dros ei baned. Mae'n tynnu llyfr bach o'i boced a gwlychu blaen ei bensil.

'Beth oedd y corff 'te?' mae'n gofyn.

'Pa gorff? Doedd dim corff.'

'Felly, yn ôl eich tystiolaeth chi, doedd dim corff,' meddai Mr Owens. Heb eisiau, yn fy marn i. Dw i newydd ddweud hynny.

'Wel, nac oedd,' dw i'n ateb.

'Ond gwelodd eich nain gorff. Mae hi'n siŵr ei bod hi wedi gweld corff. Mae wedi dweud ei bod hi'n siŵr bod corff yn y gwesty.'

Mae Mam-gu'n dipio bisgïen arall yn ei the. Ei phedwaredd fisgïen.

'Efallai mai breuddwydio roedd hi.'

'Breuddwydio. Cyfleus iawn . . . O'ch chi wedi clywed sgrech?' mae Mr Owens yn gofyn.

---

trosedd (eg)	crime	*blaen* (eg)	tip
difrifol	serious	*yn ôl*	according to
sugno	to suck	*tystiolaeth* (eb)	evidence
briwsion (ll)	crumbs	*barn* (eb)	opinion
tagu	to choke	*cyfleus*	convenient
gwlychu	to moisten, to wet		

'O'n.'

'Oedd yna sŵn cwffio?'

'Oedd.'

'Felly, aethoch chi allan o'ch ystafell at y cwffio. Pwy welsoch chi?'

'Wel, neb. Dim ond Mam-gu,' meddaf i.

'Dim ond Mam-gu. Dw i'n gweld.'

Mae e'n ysgrifennu popeth yn ei lyfr bach.

'Roedd yna gorff, meddai eich nain. Ond dych chi'n dweud nad oedd yna ddim corff. Roedd y corff wedi . . . diflannu. A welsoch chi neb ond eich nain?'

Dw i ddim yn hoffi trywydd y sgwrs yma. Dyw e erioed yn amau Mam-gu!

'Dychmygwch hyn. Mae'r troseddwr yn gwybod bod rhywun wedi ei glywed. Beth mae'n wneud? Cuddio? Dianc? Does dim amser i guddio nac i ddianc. Mae'n rhaid meddwl am gynllun arall.'

Dw i'n credu bod y dyn yn ffan mawr o Agatha Christie.

'Sarjant. Gyda phob parch . . .'

'Prif Arolygydd, Miss Pari.'

'Prif Arolygydd. Dych chi erioed yn cyhuddo Mam-gu o lofruddio! Mae hi'n wyth deg oed. Roedd Dat-cu, ei gŵr, yn ddiacon yn y capel.'

Mae'r Prif Arolygydd yn edrych arna i'n rhyfedd iawn, 'Dan ni ddim yn cyhuddo hen fenywod o lofruddio. Ddim yn aml. Ond mae yna drosedd wedi

cwffio	to fight	troseddwr (eg)	criminal
trywydd (eg)	trail	cynllun (eg)	plan
amau	to doubt, to suspect	parch (eg)	respect
		cyhuddo	to accuse
dychmygu	to imagine	llofruddio	to murder

digwydd yma. Trosedd ddifrifol. Mae Mrs Pari yma ers chwech y bore. Ces i fy nghodi o'r gwely i glywed stori hir, hir am gorff yn diflannu. Dych chi newydd ddweud eich hunan, doedd yna ddim corff! Bydd eich tystiolaeth chi'n ddefnyddiol iawn, Miss Pari.'

*   *   *

Dw i ddim yn gwybod pwy sydd fwyaf coch – Mam-gu, y droseddwraig, neu fi. Roeddwn i wedi cyhuddo'r prif arolygydd!

'Gwastraffu amser yr heddlu. Wir!' meddai Mam-gu. 'Dw i ddim yn gwybod beth i'w ddweud!'

Yna, mae'n dweud llawer iawn. 'Glywaist ti beth ddwedodd e?' mae'n gofyn.

'Sut allwn i beidio? Dych chi'n droseddwraig ddifrifol!'

'Dim hynny!'

'Beth, te?'

'Fy ngalw i'n hen fenyw.'

Dyna sy'n ei phoeni. Dim y ffaith bod ei henw yn y llyfr troseddau. Dim y ffaith iddi gael dirwy o ganpunt. Dim y ffaith ei bod wedi cael rhybudd i beidio â phoeni'r heddlu tra bydd hi yng ngogledd Cymru.

'A ti wedyn – yn dweud fy mod i'n wyth deg.'

'Ond dyna'ch oedran chi.'

'Dw i erioed wedi teimlo cymaint o embaras!' meddai Mam-gu.

---

difrifol	serious	*ffaith* (eb)	fact
defnyddiol	useful	*llyfr troseddau*	crime book
troseddwraig (eb)	criminal	*dirwy* (eb)	fine
gwastraffu	to waste	*tra*	while, whilst

'A beth amdana i? Fi oedd yn gwrando arnyn nhw'n eich cyhuddo chi.'

'O, hynny! Dw i'n sôn amdanat ti. Ti oedd yr embaras!'

'Fi!' Dw i ddim yn credu fy nghlustiau.

'Cyhuddo'r Prif Arolygydd bach ffein yna. Dyna beth oedd embaras!'

'A beth amdanoch chi? Y stori ddwl yna am y corff.'

'Roedd yna gorff, Gwendolin. Do'n i ddim yn breuddwydio. Dw i'n mynd i ddangos i chi i gyd!'

Dangos i ni? Dim trwy ladd rhywun ei hunan, gobeithio! Na. Dw i'n waeth nag Agatha Christie a'r Prif Arolygydd gyda'i gilydd! Ond dw i'n gwybod mor styfnig mae Mam-gu. Dyw hi ddim yn hapus ei bod hi wedi cael ei phrofi'n anghywir. Hyd yn oed gan yr heddlu.

---

styfnig	obstinate	*hyd yn oed*	even
profi	to prove		

9

'Dyna fe. Dwedais i!' meddai Mam-gu'n uchel amser swper. Mae hi'n taro ei fforc ar y bwrdd fel barnwr mewn llys. Mae hi newydd ailagor yr achos.

Roeddwn i wedi ymlâdd heddiw, ar ôl hylabalŵ neithiwr . . . a'r bore yma. Peidiwch â sôn am y bore yma! Ond roeddwn i'n benderfynol o wneud rhywbeth ychydig bach yn fwy cyffrous heddiw na cherdded o gwmpas mynwent. Y tro yma, ofynnais i ddim i Mam-gu beth roedd hi eisiau ei wneud. Dwedais i ein bod ni'n mynd am dro i Feddgelert. Bydden ni'n cael picnic ar lan yr afon i ginio. Yn y prynhawn, bydden ni'n mynd am dro i bentref Portmeirion. Yfory, dw i eisiau mynd i lan y môr. Os bydd hi'n braf. Awyr iach a gorffwys. Dyna sydd ei angen arna i a Mam-gu.

Roedd fy nghalon i yn y lle iawn, beth bynnag. Ond aeth pethau o chwith.

Dim fy mai i oedd hi bod Mam-gu wedi torri sawdl ei sling-bacs ar y ffordd allan o'r car. A dim fy mai i oedd hi bod Mam-gu wedi gwrthod pob esgid yng ngogledd Cymru yn eu lle – 'Na, rhy ddrud' neu 'Na, rhy fflat' neu 'Na, rhy frown' neu jest 'Www. Na!' a chrychu ei thrwyn fel cwningen. Aethon ni am dro yn y car. Allen ni ddim cerdded. Roedd yn rhaid mwynhau'r golygfeydd trwy'r ffenestri agored. Roedd hi wedi

---

barnwr (eg)	judge	bai (eg)	fault
achos (eg)	case	sawdl (egb)	heel
wedi ymlâdd	exhausted	crychu	to wrinkle
o chwith	wrong	golygfeydd (ll)	views

crychu ei thrwyn pan welodd hi'r *pizza* a'r salad roeddwn i wedi eu prynu i ginio. Roedd hi'n gwrthod trïo'r salad ffrwythau. Mae mafon yn rhoi smotiau coch iddi, meddai hi. Ond dyw galwyni o win, neu stecen fawr, neu lond jwg o hufen yn amharu dim arni! Roedd hi'n bwyta pysgod a sglodion i ginio heb unrhyw drafferth o gwbl. Ac ar ôl oriau yn chwilio am esgidiau ac oriau yn chwilio am bysgod a sglodion doedd dim amser i fynd i Bortmeirion. Ac yfory? Clywais i ar y radio ei bod hi'n mynd i fwrw glaw yfory!

Beth bynnag, mae'n amser swper,

'Dyna fe. Dwedais i!' meddai Mam-gu. 'Gwendolin? Dwedais i.'

Dw i funud neu ddwy cyn sylweddoli ei bod hi'n siarad â fi.

'Gwendolin!' meddai'n uchel.

'Beth?' dw i'n gofyn gan dihuno o'r diwedd.

'Wel, ble mae e? Ble mae John?'

'Dw i ddim yn gwybod.' Does dim llawer o ddiddordeb gyda fi, chwaith.

'Mae'n gyd-ddigwyddiad mawr. Dw i'n gweld corff ac yna . . .'

'Yna?' dw i'n gofyn.

'Yna, mae John yn diflannu. Mae'n amlwg beth sydd wedi digwydd.'

Dw i'n siglo fy mhen a chau fy ngheg cyn i fi ddweud rhywbeth bydda i'n difaru. Trwy lwc, mae gweinyddes ifanc yn fy achub.

---

mafon (ll)	raspberries	*siglo*	to shake
stecen (eb)	steak	*difaru*	to regret
amharu dim arni	to do her harm	*gweinyddes* (eb)	waitress
cyd-ddigwyddiad (eg)	coincidence		

'Beth hoffech chi gael i fwyta?' meddai hi. Mae'n denau iawn. Mae hi'n byw ar friwsion, dw i'n meddwl.

Mae Mam-gu yn ateb ei chwestiwn gyda chwestiwn. 'Ble mae John?' meddai hi.

'John?' Dyw'r weinyddes ddim yn deall. Mae'n edrych ar y fwydlen ac yna ar Mam-gu.

'Ie. John.'

Mae Mam-gu'n nodio ei phen arna i, fel pe byddai'n dweud 'dwedais i'. Dw i ddim yn deall.

'John y gweinydd,' meddai Mam-gu.

'O. John,' meddai'r weinyddes dan wenu.

Mae Mam-gu'n gwenu hefyd. Gwên ffals.

'Mae John ar ei wyliau,' meddai'r ferch.

'Ar ei wyliau,' meddai Mam-gu fel poli parot. Mae'n troi i edrych arna i a nodio ei phen eto. Beth sy'n bod ar y fenyw ddwl?

'Cawl i ddechrau a samwn i'r prif gwrs,' meddwn i cyn i Mam-gu greu rhagor o embaras.

'Cawl a salad os gwelwch yn dda,' meddai Mam-gu. Mae wedi anghofio nad oedd hi'n hoffi salad amser cinio. 'Ble aeth John ar ei wyliau?'

Mae'r ferch yn edrych yn syn ar Mam-gu.

'Dw i ddim yn gwybod,' atebodd hi. Casglodd hi'r bwydlenni. Pryd bwytodd hi ddiwethaf? Does dim bol na phen-ôl ganddi hi.

'Dyna syrpreis,' meddai Mam-gu o dan ei hanadl.

'Beth sy'n bod arnoch chi?' gofynnaf. 'Dyn ni'n aros am ein bwyd. Dw i wedi cael llond bol ar y nonsens yma.'

---

briwsion (ll)	crumbs	*casglu*	to collect
bwydlen (eb)	menu	*o dan ei hanadl*	under her breath
gwên (eb)	smile	*llond bol*	a gutful

'Mae'n amlwg. John yw'r corff! Dyna pam mae e ar ei 'wyliau' . . . John. Druan â John.'

Mae'n sychu ei llygaid gyda llawes ei blows ac yn chwyrnu'n ffyrnig trwy ei ffroenau.

'Nonsens! Gallai'r corff – os oedd yna gorff – fod yn rhywun!' meddaf i.

'Ond 'dyn ni ddim wedi gweld John trwy'r dydd. Ddwedodd e ddim byd am wyliau wrtha i.'

'Dw i wedi cael digon!' meddaf i wrth godi. Dw i'n benwan.

'Gwennie. Cariad. Eistedda. Mae'n flin gyda fi os dw i wedi dy ypsetio ti,' meddai Mam-gu mewn llais neis-neis.

Wrth gwrs, dw i'n meddalu'n syth. Dw i'n eistedd.

'O, ces i amser da heddiw . . . Diwrnod da iawn . . . Diolch yn fawr i ti, Gwendolin. Rwyt ti mor garedig wrth dy hen Fam-gu . . . Fyddai Dat-cu wrth ei fodd heddiw! Mae'n dod â lot o atgofion, bod fan hyn . . .'

'Mmm, siŵr o fod,' meddwn i, fel clai yn ei dwylo.

'Lot o atgofion am hen storïau'r Plas. Er enghraifft, stori'r trysor . . .'

'Trysor?' Mae fy nghlustiau'n cosi. Dw i wastad wedi breuddwydio am fod yn gyfoethog.

'Ie. Mae trysor wedi'i gladdu ar dir y Plas. Trysor gwerthfawr iawn, medden nhw. Cafodd y trysor ei gladdu gan hen berchennog y Plas, Dat-cu Mr Windsor.

---

llawes (eg)	sleeve	*trysor* (eg)	treasure
chwyrnu	to snort	*cosi*	to itch
yn ffyrnig	fiercely	*wastad*	always
ffroenau (ll)	nostrils	*wedi'i gladdu*	buried
meddalu	to soften	*gwerthfawr*	valuable
atgofion (ll)	memories	*medden nhw*	so they say

Mae map ar gael sy'n arwain at y trysor. Dat-cu Mr Windsor wnaeth y map. Fel ei fod e'n gwybod ble oedd y trysor.'

'Pam gadael y trysor yno? Byddwn i wedi gwario'r cwbl!'

'Collodd e'r map. Ffaelodd e ffeindio'r trysor. Buodd e'n chwilio am fisoedd a misoedd. Medden nhw.'

'Trueni. Pe byddai'r map gyda ni, gallen ni ffeindio'r trysor. Bydden ni'n gyfoethog!' meddaf dan chwerthin. Mae pawb yn breuddwydio, weithiau.

'O. Mae'r map gyda fi, bach.'

Dw i'n edrych ar Mam-gu'n syn. Ydy hi'n tynnu fy nghoes?

'Do, do. Ces i'r map gan Dat-cu jest cyn iddo farw. Cei di ei weld e wedyn gan dy fod ti'n ferch dda.'

Am unwaith, dw i ddim yn gwybod beth i'w ddweud. Mae'r ferch ifanc yn dod â'r cawl. Mae Mr Windsor yn ei dilyn hi.

'Ydy popeth yn iawn?' mae'n gofyn gyda gwên wan. Efallai bod y weinyddes wedi cwyno.

'Mae popeth yn wych,' meddai Mam-gu. 'Gyda llaw, ble mae John?'

Mae ei llygaid yn treiddio trwy ben Mr Windsor, yn chwilio am ateb.

'Mae John yn cael hoe fach. Mae'n gweithio'n galed iawn.'

'Gwyliau tramor?' Mae Mam-gu fel cath â'i dannedd mewn llygoden. Mae'n blasu gwaed.

---

arwain	to lead	*treiddio*	to penetrate
ffaelu	to be unable	*tramor*	foreign
dilyn	to follow	*blasu*	to taste
gyda llaw	by the way		

'Ie, dw i'n meddwl. Un o'r gwledydd pell. Fyddwn ni ddim yn ei weld o am wythnos. Oes neges?'

'Na. Gobeithio bydd y gwyliau'n gwneud lles i'w iechyd,' meddai Mam-gu. Mae'n codi ei llwy a dechrau sipian y cawl yn swnllyd. Dw i'n bwyta fy mwyd yn dawel.

---

gwledydd (ll)   countries   *lles* (eg)   benefit, good

10

Dydd Iau:

Mae'n amser brecwast. Mae Mam-gu wedi gofyn am frecwast llawn. Wy, selsig, bacwn, madarch, tomato a ffa pob. Y tro nesaf bydd hi'n cwyno am ei stumog ddelicêt bydda i'n ei hanwybyddu'n llwyr.

Dw i'n bwyta Muesli yn dawel. Maen nhw'n dweud eich bod chi'n edrych ddeg pwys yn drymach ar y teledu. Deg pwys arall? Fyddai dim lle i fi ar y sgrin!

Mae Mam-gu'n ddiamynedd iawn yn aros am ei brecwast. Mae'n chwarae â'i chyllell. Mae hi'n fy atgoffa i o sgwrs ddoe. Dw i'n gobeithio ei bod hi ddim yn ymarfer. Dw i'n gobeithio ei bod hi ddim yn meddwl anafu neb!

'Dyma fe!' meddai'n uchel. Mae'n anelu ei chyllell at galon y papur newydd. Y papur newydd lleol. Mae'n anghymdeithasol iawn i ddarllen wrth y bwrdd bwyd. Mae gan Mam-gu fwy o ddiddordeb yn y papur na sydd gyda hi ynddo i. Ond ar ôl diwrnod hir mewn car bach gyda hi ddoe, dw i'n falch.

'Gwendolin!' meddai hi'n uchel. Mae'r gyllell yn torri'r papur.

'Beth?' meddaf i gan neidio o fy nghroen. Mae llais Mam-gu fel sgrech. Mae'r llwy yn poeri Muesli dros y papur.

ffa pob	baked beans	*anafu*	to injure
anwybyddu	to ignore	*anelu*	to aim
yn llwyr	completely	*anghymdeithasol*	unsociable
ymarfer	to practise	*poeri*	to spit

'Dyma fe. Ar dudalen flaen y papur,' meddai.

'Beth?'

'Nid 'beth'. Pwy.'

'Wel, pwy?'

Dw i ddim yn deall o hyd.

'Wel, y corff!' meddai Mam-gu'n ddiamynedd.

Mae munud neu ddwy'n pasio cyn i fi sylweddoli ei bod hi o ddifrif.

'Peidiwch â dechrau! Dw i wedi cael llond bol!'

Dyw Mam-gu ddim yn cymryd sylw. Mae'n fenyw groen galed iawn.

'Ble o'n i nawr? Aha! Dyma fe . . .'

'Beth, nawr?' Dw i'n gofyn er gwaethaf fy hunan. Dw i'n colli amynedd. Dyw hi ddim yn naw o'r gloch eto. Byddwn ni'n treulio'r trwy'r dydd gyda'n gilydd – ar draeth Dinas Dinlle yn y glaw.

'Pwy yw'r corff?'' meddai Mam-gu yn darllen o'r papur. Mae'n darllen yn araf iawn. Dyw hi ddim yn gwisgo ei sbectol. Maen nhw yn ei hystafell. Efallai ei bod hi eisiau gwneud argraff ar John, 'y gweinydd bach, ffein yna'. Ond mae John ar ei wyliau.

'Mae corff dyn wedi cael ei ddarganfod. Cafodd y corff ei ddarganfod gan fenyw leol pan oedd yn mynd â'i chi am dro ar lan y môr. Dyw'r heddlu ddim wedi enwi'r dyn ond credir ei fod yn ddyn lleol.'

Dw i'n dweud dim.

'Wel?' meddai Mam-gu.

'Wel beth?'

---

tudalen flaen	front page	*gwneud argraff ar*	to make an
o hyd	still		impression on
er gwaethaf	in spite of	*darganfod*	to discover
treulio	to spend	*credir*	it is believed

'Mae'n amlwg. Dyna'r corff . . . corff John.'

Mae'n dawel iawn am eiliad neu ddwy. Mae ei llygaid yn wlyb. Dw i'n gafael yn ei llaw. Ond mae hi'n tynnu ei llaw yn rhydd.

'Mam-gu. Does dim rheswm gyda chi o gwbl dros feddwl hynny. Gallai'r corff yna fod yn rhywun. Hen forwr sydd wedi boddi ar ôl meddwi, efallai. Mae John ar ei wyliau. A'r corff? Wel . . .'

Dw i'n gwneud fy ngorau i fod yn ffein.

'Breuddwydio ro'n i,' meddai Mam-gu. Dyw hi ddim yn credu hynny.

'Efallai.'

'Dim rheswm o gwbl? . . . Beth yw hwn 'te? Mewn du a gwyn.'

Mae'n taro'r stori bapur newydd gydag ewin hir, sgarlad. Dw i'n gweld dim byd ond Muesli a rhwyg fawr.

'Dych chi'n poeni gormod. Arhoswch tan yfory. Byddan nhw'n enwi'r dyn. Mae John yn bolaheulo rhywle. Cewch chi weld.'

'Rwyt ti'n anghofio un peth, 'merch i . . . Mae pwerau arbennig gyda fi.'

O, na. Y lleisiau eto.

'Dw i'n gwybod llawer o bethau. Pethau dyw pobl gyffredin fel ti ddim yn eu deall.'

Pwy mae'n meddwl yw hi? *Wonder Woman*? Dyna fy rhoi i yn fy lle, beth bynnag.

'Pwerau arbennig? Ble mae'r map 'te?!' Dw i'n

rhydd	free	*rhwyg* (eb)	tear
morwr (eg)	sailor	*bolaheulo*	to sunbathe
boddi	to drown	*pwerau* (ll)	powers
meddwi	to get drunk	*cyffredin*	ordinary
ewin (egb)	fingernail		

difaru ei ddweud e. Os ydw i wedi ei brifo hi, dyw hi ddim yn dangos hynny.

'Mae'r map yn ddiogel. Paid â phoeni.'

'Diogel iawn. Rhy ddiogel. Dych chi ddim yn gwybod ble mae'r map. Ydych chi?'

'Ydw, ydw.'

'Ble mae e, 'te?'

'Mae e gyda fi. Rhywle.'

Hi sy'n iawn, bob tro. Mae'n rhaid iddi gael y gair olaf.

Neithiwr, ar ôl swper, roeddwn i ar bigau'r drain. Roeddwn i'n edrych ymlaen at weld y map. Dw i'n hoffi stori. Dyna pam dw i'n newyddiadurwraig. Dw i'n hoffi cael syniad am stori. Yna, dw i'n hoffi gwneud ymchwil. Weithiau, mae stori fach yn troi'n stori fawr. Dw i fel pysgotwr yn dal pysgodyn mawr! Dw i'n cael *buzz* o wybod fy mod i ar fin bachu anghenfil o stori!

Neithiwr, wrth ddilyn Mam-gu i fyny'r grisiau (roedd angen cadw'n heini arna i, meddai hi!) roeddwn i'n teimlo'r *adrenalin* trwy fy nghorff. Dw i'n cyfaddef, roeddwn i'n meddwl sut byddwn i'n gwario'r trysor i gyd! (Do'n i ddim yn mynd i gadw'r trysor i'r genhedlaeth nesaf. Roeddwn i eisiau ei werthu i'r Amgueddfa Genedlaethol. I bawb fwynhau'r trysor. Ac i fi gael arian!) Rhif un ar fy rhestr. Gwyliau hir, ymhell oddi wrth Mam-gu!

difaru	to regret	*cadw'n heini*	to keep fit
brifo	to hurt	*cyfaddef*	to admit
ar bigau'r drain	on tenterhooks	*cenhedlaeth* (eb)	generation
ymchwil (eb)	research	*rhestr* (eb)	list
bachu	to hook	*ymhell*	far
anghenfil (eg)	monster		

'Wel, wel, wel. Dyna ryfedd.'

Mae'n hanner awr yn ddiweddarach. Mae popeth yng nghesys Mam-gu ar y gwely . . . ar y llawr . . . sanau a sodlau yn blith-draphlith . . . pob dim dros y lle i gyd. Does dim sôn am y map.

'Rhyfedd iawn,' meddai Mam-gu a chwerthin yn uchel. Dw i ddim yn chwerthin. Roeddwn i'n breuddwydio am ymddeol yn gynnar a byw ar lan y môr.

'Beth sy'n bod arnat ti?' meddai Mam-gu.

'Dych chi'n siŵr bod y map gyda chi?' dw i'n gofyn yn bwdlyd.

'Ydw, ydw. Dw i'n cofio ei bacio fe. Roedd rhestr fach gyda fi. Ffrog goch, bag coch, sodlau coch, cyrlers, ymbarél, map . . . Ro'n i'n meddwl byddai e'n rhywbeth i wneud. Chwilio am y trysor.'

Gallech chi feddwl ei bod hi'n sôn am ddiwrnod ma's. Mynd am bicnic . . . mynd i lan y môr . . . chwilio am y trysor . . .!

'Roedd e mewn fan hyn. Wel, jiw, jiw, jiw. Dyna ryfedd.'

Dw i'n dechrau amau. Oedd map o gwbl?

Amser brecwast, mae Mam-gu yn sychu ei cheg â'r lliain. Mae hi wedi bwyta'r wy, selsig, bacwn, madarch, tomato a ffa pob.

'Ffwrdd â ni i Ddinas Dinlle!' meddai Mam-gu. 'Dere, Gwendolin. Does dim trwy'r dydd gyda fi!'

Dw i'n gweld y glaw yn pitran-patran ar y ffenest.

---

yn ddiweddarach	later	*amau*	to doubt
sodlau (ll)	heels	*lliain* (eg)	cloth
blith-draphlith	scattered here and there	*ffwrdd â ni*	away we go
yn bwdlyd	sulkily	*pitran-patran*	to patter

11

Dydd Gwener:

'Ssh!'

Dw i newydd gwympo dros hen wreiddyn. Mae Mam-gu'n gwneud mwy o sŵn yn dweud 'ssh' nag oeddwn i.

Mae hi'n anodd gweld. Mae hi'n oriau mân y bore a'r glaw wedi peidio o'r diwedd. Dwedodd Mam-gu wrtha i am beidio â dod â thors. Rhag ofn i rywun ein gweld. Mae un broblem fach. 'Dyn *ni* ddim yn gallu gweld! Dw i ddim yn gweld y map.

O, ydy. Mae hi wedi ffeindio'r map. Roedd e yn ei bag 'molchi hi yn y tŷ bach, os gwelwch yn dda. Doedd neb wedi ei ddwyn wedi'r cwbl. Roeddwn i wedi llwyddo i'w chadw hi rhag cyhuddo Mr Windsor, druan. Jest. Roedd Mam-gu yn y dderbynfa am bum munud hebdda i y bore yma. Roedd hi wedi anghofio ei hymbarél a'i het blastig yn ei hystafell. Pwy dych chi'n feddwl aeth i'w hôl nhw? Dw i'n meddwl weithiau mai gan Mam-gu mae'r gwaed glas. Byddai hi wrth ei bodd â morwyn fach. Pan oeddwn i wedi mynd yn ôl – gyda'r ymbarél a'r het blastig ych a fi – roedd hi'n siarad yn y dderbynfa.

---

gwreiddyn (eg)	root	*wedi'r cwbl*	after all
oriau mân	small hours	*hebdda i*	without me
tors (eg)	torch	*ymbarél* (eg)	umbrella
rhag ofn	in case	*ôl*	to fetch
dwyn	to steal		

'Ro'n i'n dangos y papur lleol i Gwendolin,' meddai Mam-gu wrth Mr Windsor. 'Mae hi'n newyddiadur-wraig, dych chi'n gwybod.'

'Ydy, wrth gwrs. Dach chi wedi sôn,' meddai Mr Windsor – yn amyneddgar iawn, chwarae teg.

'Dyw hi ddim yn newyddiadurwraig papur newydd. Mae ein Gwendolin ni ar y teledu,' meddai Mam-gu.

'Do. Dwedoch chi,' meddai fe. Roedd e'n chwarae â phapurau ar y ddesg. Dw i'n credu ei fod yn cymryd arno ei fod yn brysur, ond roedd Mam-gu'n ei anwybyddu.

'Papur bach diddorol. Lot o storïau diddorol. Stori ddiddorol ar y dudalen flaen. O'ch chi wedi gweld y stori?'

'Dim amser i ddarllen papur. 'Dyn ni'n brysur iawn,' meddai Mr Windsor, gan chwifio'r papurau fel baner.

Ond roedd gan Mam-gu rywbeth i'w ddweud a doedd neb yn mynd i'w stopio.

'Mae corff dyn wedi cael ei ddarganfod. Mae e wedi boddi.'

'O diar,' meddai Mr Windsor.

'Mae'n ffordd dda o gael gwared â chorff. Ei roi yn y môr. Golchi'r dystiolaeth. Beth dych chi'n feddwl?'

'Mae'n siŵr. Dw i ddim yn gwybod llawer am y pethau yma.'

Lwc i fi fynd yn ôl. Roedd Mam-gu ar fin ei gyhuddo o lofruddiaeth – ac o ddwyn y map, fyddwn i ddim yn synnu!

---

cymryd arno	to pretend	*cael gwared â*	to get rid of
anwybyddu	to ignore	*tystiolaeth* (eb)	evidence
chwifio	to wave	*synnu*	to be surprised
baner (eb)	flag		

'Dych chi wedi clywed oddi wrth John?' gofynnodd hi.

'Mam-gu!' gwaeddais i.

'Helô cariad. Ble wyt ti wedi bod?'

Aeth Mam-gu a fi i'r car.

'Glywaist ti beth ddwedodd e? Mae'r dyn yna'n cuddio rhywbeth.'

Mae hi'n amau o hyd. Hyd yn oed ar ôl ffeindio'r map. Mae'r map wedi ein harwain at y goedwig. 'Dyn ni'n chwilio am goeden dal iawn. Mae cant a mil o gyfarwyddiadau. Maen nhw'n ddryslyd iawn. Bydd hi'n goeden onnen. Dw i ddim yn gwybod y gwahaniaeth rhwng onnen a sycamorwydden. Mae Mam-gu yn siŵr y byddwn ni'n gallu ffeindio'r onnen. Mae ganddi bwerau arbennig, cofiwch. Ond rhag ofn, mae ganddi fap a dawn at nabod coed.

'Beth oedd y sŵn yna?' meddai Mam-gu'n sydyn.

Mae ofn y tywyllwch arna i ers fy mod i'n ferch fach. Mae fy nghoesau i'n sigledig iawn heb Mam-gu'n codi bwganod.

'Gwdihw,' meddaf i.

'Ble nesaf?' mae Mam-gu'n gofyn.

'Dw i ddim yn gwybod. Chi sydd â'r map.'

'Ie. Ond dw i ddim yn gallu gweld y map. Mae'n rhy dywyll. Mae eisiau tors.'

O'r nefoedd!

Dw i'n clywed sŵn isel. Sŵn traed? 'Beth oedd y sŵn yna?' Fy nhro i yw hi i godi bwganod.

---

amau	to suspect	*sycamorwydden* (eb)	sycamore tree
arwain	to lead	*dawn* (eg)	talent
cyfarwyddiadau (ll)	directions	*sigledig*	shaky
dryslyd	confusing	*codi bwganod*	scaremongering
onnen (eb)	ash tree		

'O. Dim byd,' meddai Mam-gu yn chwerthin. 'Dw i'n chwilio am daniwr sigaréts yn fy mag, dyna i gyd.'

Pwy ond Mam-gu fyddai'n mynd i chwilio am drysor gyda bag llaw? O leiaf roedd hi wedi cytuno i wisgo esgidiau fflat.

'Dyma ni.'

Dw i ddim yn gofyn pam mae ganddi daniwr sigaréts yn ei bag. Dyw hi ddim yn ysmygu. Wel, dw i ddim yn credu ei bod hi.

Mae'n cynnau golau. Dw i'n gweld wyneb Mam-gu am eiliad. Dw i'n gweld pob crych fel pe byddai o dan chwyddwydr. Dw i'n cael sioc. Mae hi'n hen fenyw.

'Wel?' dw i'n gofyn.

'Hmm. Y ffordd yma . . . dw i'n meddwl.'

'Dych chi'n meddwl!'

Roedd hi'n gwybod y ffordd yn iawn. Dyna ddwedodd hi yn ôl yn y Plas. Dyna ddwedodd hi pan oedd hi'n fy mherswadio i i ddod allan yn yr oriau mân i chwilio am goeden onnen.

'Dwedoch chi fod Dat-cu a chi'n cerdded yn y goedwig. Ro'ch chi'n cerdded llawer yn y goedwig, dyna beth ddwedoch chi.'

'Ssh, Gwendolin . . . Roedd hynny flynyddoedd yn ôl.'

Mae hi'n oer yn y goedwig ac yn unig. Dw i'n dilyn Mam-gu a golau gwan y taniwr sigaréts. Dw i'n clywed bwganod ym mhob sŵn bach. Awel o wynt . . . sŵn y dail . . . gwich y canghennau . . .

taniwr sigaréts (eg)	cigarette lighter	*bwganod* (eg)	bogey men
o leiaf	at least	*awel* (eb)	breeze
cynnau	to light	*gwich* (eb)	squeak, creak
crych (eg)	wrinkle	*canghennau* (ll)	branches
chwyddwydr (eb)	magnifying glass		

'Wyt ti'n clywed hynna?'

'Beth?'

Roeddwn i'n gobeithio mai fi oedd yn clywed pethau.

'Mae rhywun yn ein dilyn. Dw i'n amau hynny ers amser.'

'Dyna'r ail waith i chi ddweud hynny. Roedd y tro cynta cyn i ni adael y Plas!'

'Dw i'n siŵr y tro yma.'

Mae'n diffodd y taniwr sigaréts. Mae canghennau'r coed yn cuddio'r lleuad. Mae hi'n dywyll fel y fagddu.

'Dere.'

'Dyn ni'n cerdded am filltiroedd. Mae hi'n teimlo fel milltiroedd gan nad ydyn ni'n gweld dim. Bob hyn a hyn, mae Mam-gu'n bwrw coeden neu dw i'n bwrw Mam-gu. Mae'r ddwy ohonon ni'n dechrau cerdded fel dynion dall, gyda'n breichiau o'n blaenau ni. Mae pob smic yn artaith. Ar ôl amser hir, dw i'n cael nerth o rywle i weiddi,

'Mam-gu?'

'O, Gwendolin. Ces i fraw! Ro'n i wedi anghofio amdanat ti.'

'Mam-gu, 'dyn ni ar goll?'

'Ar goll? Wir! Dw i'n gwybod ble 'dyn ni'n mynd. Ond 'dyn ni ddim wedi ffeindio'r lle eto.'

Mae'r ddwy ohonon ni'n eistedd wrth goeden fawr.

'Beth am y ffordd yn ôl? Dych chi'n cofio'r ffordd

---

diffodd	to turn off	*o'n blaenau ni*	in front of us
lleuad/lloer	the moon	*smic* (eg)	slightest sound
bob hyd yn hyn	every now and again	*artaith* (eb)	torture
		nerth (eg)	strength
dall	blind	*braw* (eg)	fright

yn ôl?' Dw i'n dechrau gofidio. Dw i'n teimlo fel plentyn bach.

'Wrth gwrs, bach. 'Dyn ni siŵr o ffeindio'r ffordd cyn y bore. Byddan nhw'n gweld ein bod ni ar goll. Byddan nhw'n siŵr o ddod i chwilio.'

Na fyddan. Byddan nhw siŵr o fod yn falch o gael hoe fach oddi wrth Mam-gu a'i chwestiynau.

Roedd y goeden yn gadair gryf. Ond roedd angen clustog ar fy mhen-ôl bach, delicêt.

'Pa goeden yw hon, 'te?' dw i'n gofyn.

Man a man i fi gael gwers gan Mrs Nabod Coed. Does dim byd arall i'w wneud.

Mae angen bwyd arna i. Mae Mam-gu'n cynnau ei thaniwr sigaréts ac yn astudio'r goeden am amser hir.

'Onnen,' meddai. 'Onnen fawr, dal.'

Mae'r ddwy ohonon ni'n edrych ar ein gilydd. Mae'r tân yn diffodd. 'Dyn ni'n gweld dim byd yn y tywyllwch.

---

gofidio	to be anxious	*man a man i fi*	I might as well
clustog (eg)	cushion		

12

Dw i'n dihuno. Dyw hi ddim yn fore. Mae'r bore wedi hen fynd. Roedd hi'n fore arna i a Mam-gu yn mynd i'r gwely. Mae hi'n chwarter i ddeuddeg ac mae annwyd trwm arna i. Erbyn i fi godi, 'molchi a thisian cant a mil o weithiau, mae hi'n hanner awr wedi deuddeg. Amser cinio.

Dw i'n cnocio ar ddrws ystafell Mam-gu. Dim ateb. Dw i'n troi bwlyn y drws. Mae'n agor â gwich. Rhyfedd.

Dyw Mam-gu ddim yn ei gwely. Dyw hi ddim yn y bàth. Dyw hi ddim yn glanhau'r tŷ bach. (Mae hi ar ei gwyliau. Ond roedd hi'n glanhau'r tŷ bach dydd Llun!! 'Dych chi ddim yn gwybod pwy sydd wedi eistedd yma,' meddai hi. Byddai Mam-gu'n golchi'r tŷ bach ar ôl Arweinydd y Cynulliad a'r Frenhines!)

Dw i'n mynd i lawr y grisiau. Efallai bod Mam-gu yn cael tamaid o frecwast. Dw i'n edrych ar fy oriawr. Nage. Efallai ei bod hi'n cael tamaid o ginio.

Ond does dim sôn amdani hi yn yr ystafell fwyta. A does dim sôn amdani ar y *patio* tu allan nac yn y maes parcio. Does dim sôn amdani yn y gampfa. Ydw, dw i'n ddigon despret erbyn hyn i chwilio amdani yn y gampfa! Ar fy ffordd yn ôl dw i'n gweld Mr Windsor yn y

---

wedi hen fynd	long gone	*Arweinydd y*	
tisian	to sneeze	*Cynulliad*	Leader of the
bwlyn (eg)	knob		Assembly
gwich (eb)	creak	*tamaid* (eg)	a bite
		oriawr (eb)	watch

dderbynfa ac mae e'n fy ngweld i. O na, dw i'n dweud wrth fy hunan. Dw i'n brin fy amynedd, y bore yma.

'Ah, Miss Pari. Sut dach chi?' meddai fe'n gwenu o glust i glust.

Mae'n fy nghyfarch i fel hen ffrind.

'Dw i'n iawn,' meddaf yn siarp.

Dw i'n edrych o gwmpas am Mam-gu. Dw i'n rhy brysur yn edrych o gwmpas i sylwi ar Mr Windsor.

'A Mrs Pari? Sut mae Nain?'

Dw i'n edrych arno fe'n syn. Nain? Wir!

'Mae hi'n iawn,' dw i'n dweud yn gelwyddog. Yna, dw i'n newid fy meddwl, 'A dweud y gwir, mae Mam-gu ar goll.'

'Ar goll?!'

Mae'n codi ei aeliau nes fy mod i'n meddwl eu bod nhw'n mynd i daro'r nenfwd. Mae'n ffaelu credu y gallwn i fod mor esgeulus. Mae'n gyfarwydd â phobl yn colli sbectol, neu ymbarél neu fag hyd yn oed. Ond person? Sut gallwn i fod mor esgeulus?

'Pryd gweloch chi hi ddiwethaf?' meddai. Mae golwg boenus iawn arno fe.

'Y bore yma . . .'

Yn sydyn, dw i'n cofio am y chwilio am y goeden onnen. Dw i eisiau cadw'r gyfrinach rhag Mr Windsor.

'. . . Nage. Neithiwr. Neithiwr dw i'n feddwl. Neithiwr pan aethon ni i'r gwely. Noson gynnar. Ro'n

prin	short	nenfwd (eg)	ceiling
amynedd (eg)	patience	*ffaelu*	to be unable
cyfarch	to greet	*esgeulus*	negligent
sylwi ar	to notice	*cyfarwydd â*	to be familiar
celwyddog	lying		with
aeliau (ll)	eyebrows	*cyfrinach* (eb)	secret

ni'n dwy wedi ymlâdd. Ro'n ni'n cysgu fel dau dwrch yn ein gwelyau.'

'Neithiwr. Wela i. Ydy hi wedi mynd am dro?'

'Sut? Does dim car gyda hi.'

Dw i wedi edrych ar y *patio*. Fyddai hi ddim ddigon dwl i fentro yn ôl i'r goedwig?

'Beth am gerdded? Ydy hi'n cerdded?'

'Ydy. Wrth gwrs, mae hi'n cerdded.'

Beth sy'n bod ar y dyn?

'Efallai ei bod hi'n crwydro. Mae hi wedi dangos diddordeb mawr yn hanes y Plas.'

Dw i'n edrych i ffwrdd. Ydy e'n gwybod rhywbeth am neithiwr? Yn sydyn, mae diddordeb mawr gyda fi mewn smotyn bach o faw ar fy nghardigan. Trwy lwc, mae cwsmer arall yn achub fy nghroen. Mae'n gofyn a oes mynyddoedd yng ngogledd Cymru. Twpsyn! A oes tywod yn y Sahara? Fydd Mr Windsor yn brysur am oes.

'Cofiwch ddweud, os dych chi'n ffeindio Nain,' meddai Mr Windsor. 'Dw i ddim yn hoffi meddwl amdani hi'n crwydro ar ei phen ei hunan.'

Ydy e'n ein hamau ni o fusnesa? Neu ydw i'n mynd yn *paranoid*?

Yn ôl yn fy stafell, dw i'n meddwl am ffonio'r heddlu. Mae plastig oer y ffôn yn fy llaw a'r dôn yn canu grwndi yn fy nghlust. Dw i ddim yn meddwl am ffonio oherwydd fy mod i'n meddwl bod rhywbeth mawr o'i le. Dw i'n ffonio rhag ofn bod y fenyw ddwl

---

twrch (eg)	boar	*busnesa*	to pry
i ffwrdd	away	*tôn* (eb)	tune, tone
baw (eg)	dirt	*canu grwndi*	to purr
twpsyn (eg)	idiot	*o'i le*	wrong
crwydro	to wander		

wedi mynd i swyddfa'r heddlu am sgwrs. Yna, dw i'n cofio. Does dim croeso i Mam-gu yn swyddfa'r heddlu ar ôl y tro diwethaf. Dw i'n rhoi'r ffôn yn ôl.

Beth nawr . . .?

Dw i'n gwybod fy mod i'n cwyno amdani hi, ond mae'n rhaid cyfaddef, mae'n dawel iawn hebddi hi . . . Mae'n rhy dawel. Dw i'n dechrau gofidio. Dw i'n cofio am y corff yn diflannu. Beth pe byddai . . .? Dw i'n tisian eto! O diar. Mae fy nhrwyn bach, coch i'n brifo. Dw i'n edrych yn y drôr am hances. Yn y drôr, dw i'n gweld cadach yn llawn o hen faw.

Roeddwn i'n flin neithiwr pan es i i'r gwely. Roeddwn i'n flin fel cacwn gyda Mam-gu. Roedd hi'n un o'r gloch y bore pan dynnodd hi fi o fy ngwely clyd i chwilio am goed yn y tywyllwch. Roedd hi bron yn chwech o'r gloch pan gyrhaeddon ni yn ôl. Roedd pobl yn cael brecwast cynnar! Mae rhywun siŵr o fod wedi dweud wrth Mr Windsor am hyn. Duw a ŵyr beth mae e'n feddwl.

Dw i'n agor fy ngheg. Dylwn i fod yn fy ngwely. Ond sut gallwn i gysgu? Fyddai dim ots 'da fi. Fyddai dim ots 'da fi golli noson o gwsg a dal annwyd pe byddwn i nawr yn filiwnydd. Pe byddwn i nawr yn ysgrifennu llythyr i ymddiswyddo o fy swydd ym Mryste neu'n breuddwydio am brynu tŷ ar lan y môr yn y Seychelles . . . gyda Derek, wrth gwrs.

Ond, na. O, na. Ffeindion ni ddim hyd yn oed ddarn deg ceiniog! Ffeindion ni ddim hyd yn oed ein ffordd

cyfaddef	to admit	fyddai dim ots 'da fi	I wouldn't mind
cadach (eg)	cloth	miliwnydd (eg)	millionaire
baw (eg)	dirt	llythyr ymddiswyddo	resignation
yn flin fel cacwn	really annoyed		letter
clyd	cosy	darn deg ceiniog	10 pence piece
Duw a ŵyr	God knows		

yn ôl. Dim am amser hir iawn! Yr unig 'drysor' sydd gyda fi yw annwyd! Dw i'n gallu ogleuo'r pridd ar fy nwylo o hyd. Dw i'n gallu teimlo'r pridd caled yn crafu fel raser ar groen tyner fy mysedd.

Dw i'n tynnu'r cadach o'r drôr. Mae'n ogleuo fel hen fedd. Dw i'n tynnu'r deunydd brau yn ofalus a syllu'n hir ar y trysor tu mewn. Mae ei gwên yn ddisglair fel aur. Mae ganddi hi res perffaith o ddannedd fel gemau ar fwclis. Pwy yw hi . . . y ferch gafodd ei lapio fel mymi a'i chladdu mewn bedd bas?

Dw i'n tisian eto! Ydy Mam-gu gyda'r doctor? Efallai ei bod hi wedi dal annwyd hefyd. Neu waeth. Efallai ei bod hi yn yr ysbyty yn dioddef o *pneumonia*! Na. Bydd yn gall, Gwendolin. Byddai rhywun wedi ffonio. Oni bai . . . oni bai bod Mam-gu yn anymwybodol ac yn methu siarad. Mmm. Hyd yn oed pe byddai Mam-gu yn anymwybodol, byddai hi'n ffeindio ffordd o siarad! Roedd hi'n noson oer neithiwr. Roedden ni yn y goedwig oer am oriau. Ac mae Mam-gu yn hen iawn. Ydy pobl yn marw o *pneumonia*?

Dw i'n ffonio'r heddlu! Dw i'n gofyn am y Prif Arolygydd Owens. Mae'n hir iawn cyn dod at y ffôn. Dw i'n ei ddychmygu e a'r lleill yn siarad,

'O, na! Dim Gwendolin Pari eto! Mae hi a'i Nain ddwy frechdan yn brin o bicnic!'

ogleuo	to smell	*rhes* (eg)	row
pridd (eg)	earth	*bas*	shallow
crafu	to scratch	*dioddef*	to suffer
raser (eb)	razor	*anymwybodol*	unconscious
bedd (eg)	grave	*methu*	to be unable
deunydd (eg)	material	*lleill*	others
brau	fragile	*brechdan* (eb)	sandwich
syllu	to stare	*prin*	short
disglair	bright		

Efallai ei fod e'n meddwl am esgus i beidio siarad â fi. 'Dw i mewn cyfarfod,' neu, 'Dw i'n gwneud gwaith heddlu go-iawn.'

Dw i'n meddwl am roi'r ffôn i lawr, ond alla i ddim, dw i wedi dweud fy enw.

'He-lô,' meddai ar ôl hir a hwyr. Mae ganddo fe lais pwysig iawn.

'Helô. Gwendolin Pari sydd yma. O, dych chi'n gwybod hynny'n barod. Sori . . .' Mae gyda fi lais fel llygoden.

'Ms . . . Pari. Drama arall?'

'Na . . . Wel, ie. Mae'n flin iawn gyda fi'ch poeni chi. Dych chi'n ddyn prysur iawn . . .'

'Ydw, Ms Pari. Rŵan, beth sy'n bod?'

'Mam-gu. Dw i wedi colli Mam-gu.'

'. . . Wela i . . .'

'Pan dw i'n dweud colli . . . pan ddihunais i bore yma roedd hi wedi mynd. Dw i wedi chwilio amdani ym mhobman. Nawr, mae'n ddau o'r gloch a dw i'n poeni fy enaid. Plîs helpwch fi.'

Mae'n dawel iawn ochr arall y ffôn. Mae'n amser hir cyn i'r Arolygydd ateb.

'Ers pryd mae Mrs Pari ar goll?'

'Ers y bore yma.'

'Faint o'r gloch y bore yma?'

'Dw i ddim yn siŵr iawn. Ro'n i'n cysgu, dych chi'n gweld. Sori.'

Pam dw i'n ymddiheuro fel plentyn bach?

'Felly, dyw hi ddim yn bedair awr ar hugain ers i Mrs Pari ddiflannu . . .?'

---

go-iawn	real	*ym mhobman*	everywhere
rŵan (GC)	*nawr (DC)*		

'Wel . . . na.'

'Os bydd hi ar goll ar ôl pedair awr ar hugain arall, ffoniwch eto. Dyna'r gyfraith Ms Pari.'

Dw i'n penderfynu peidio â sôn am y map. Mae e eisoes yn meddwl ein bod ni'n wallgof!

'Ond Mr Prif Arolygydd, mae Mam-gu'n wyth deg oed. Mewn pedair awr ar hugain, gallai hi fod yn gorff marw!'

'A, ie. Y corff marw. Dych chi'n hoffi sôn am gyrff marw. Mae Mrs Pari yn fenyw . . . anarferol. Ydy hi'n hoffi siopa?'

'Siopa? Dw i ddim yn gweld . . .'

'Dych chi wedi edrych yn *Marks and Spencer*?'

' Wel . . . na,' meddaf i.

'Mae pob menyw yn hoffi siopa. Siopa fydd hi, cewch chi weld. Dydd da.'

Siopa?! Bydd e'n flin iawn os yw Mam-gu mewn perygl! Bydda i'n gwneud yn siŵr o hynny!

Dw i wedi cael amser i feddwl. Dw i ddim yn dweud ei fod e'n iawn, ond mae ganddo fe flynyddoedd o brofiad o achosion fel hyn . . . Dw i wedi rhoi rhif fy mobeil i Mrs Windsor yn y dderbynfa. Gall fy ffonio mewn argyfwng. Mae digon o amser i fynd i'r dref. Rhag ofn.

*   *   *

Dw i wedi cael sgert a phâr o fŵts newydd i'r gaeaf yn *Marks*. Ond doedd dim sôn am Mam-gu. Prynais i

cyfraith (eb)	law	*anarferol*	unusual
eisoes	already	*achosion* (ll)	cases
gwallgof	insane	*argyfwng* (eg)	crisis
cyrff (ll)	bodies		

ddwy frechdan gyw iâr a salad mawr yn ginio hwyr a mynd yn ôl i'r gwesty. Roeddwn i'n siŵr y byddai hi yno erbyn hynny.

'Ms Pari! Dych chi wedi gweld Nain?' gofynnodd Mrs Windsor.

'Nawr dw i'n cyrraedd yn ôl. Ble mae hi?' dw i'n gofyn.

O diolch byth, dw i'n dweud wrth fy hunan.

'Dw i ddim yn gwybod,' meddai'r fenyw ddwl!

'Ond, dwedoch chi . . .'

'Gofyn ro'n i,' meddai.

Efallai ei bod hi yn ei hystafell, dw i'n meddwl wrth gerdded i lawr y coridor. Mae fy nghalon yn neidio. Mae'r drws dan glo. Roedd e ar agor y bore yma.

'Mam-gu,' meddaf i'n gyffrous. Efallai ei bod hi'n cysgu. 'Mam-gu!' meddaf i'n uwch.

Mae Mrs Windsor wedi egluro mai'r lanhawraig oedd wedi cloi'r drws. Dyna bolisi'r gwesty. Rhag ofn i bethau gael eu dwyn.

Dw i'n cnoi'r frechdan yn araf. Mae hi'n sych fel bara ddoe. Dw i'n taflu'r gweddill. Os oes rhywbeth wedi digwydd i Mam-gu, fydda i byth yn maddau i mi fy hunan. Os yw hi'n galifantan rhywle, fydda i byth yn maddau iddi hi!

Rheol dwp yw rheol yr heddlu. Gallai llawer iawn o bethau ddigwydd i berson mewn pedair awr ar hugain. Damwain . . . Herwgipio . . . Llofruddiaeth . . .

diolch byth	thank goodness	*taflu*	to throw
dan glo	locked	*gweddill* (eg)	rest
uwch	louder	*maddau i*	to forgive
egluro	to explain	*galifantan*	to galivant
glanhawraig (eb)	cleaner	*herwgipio*	to kidnap
cloi	to lock	*llofruddiaeth* (eb)	murder

Rhewi i farwolaeth . . . Gallai person tenau iawn, iawn newynu i farwolaeth mewn pedair awr ar hugain. Dw i wedi gweld hynny dro ar ôl tro ar y newyddion. Dw i wedi holi rhieni sydd wedi colli plant a gwŷr sydd wedi colli gwragedd. Dw i wedi gweld y boen yn eu llygaid.

Mae Mr Windsor yn gwrando arna i'n amyneddgar iawn yn y dderbynfa. A hynny er bod dau berson arall yn aros. Mae'n egluro ei fod e'n flin iawn. Mae'n cynnig anfon un o'i staff i chwilio am Mam-gu. Ond mewn awr, mae'r aelod o staff yn dychwelyd yn waglaw. Mae Mr Windsor yn awgrymu fy mod i'n mynd i'r gwely'n gynnar. Os na fydd Mam-gu yn ôl yn y bore, galla' i ffonio'r heddlu eto.

Dw i'n ffonio Derek. Eto. Dw i'n gadael neges ar y mobeil.

Dw i'n archebu swper yn fy ystafell a'i fwyta'n oer. Dw i'n gosod y larwm am naw y bore a thynnu'r dillad gwely yn dynn am fy mhen.

---

rhewi	to freeze	*cynnig*	to offer
newynnu	to starve	*gwaglaw*	empty handed
dro ar ôl tro	time after time	*awgrymu*	to suggest
er	although	*archebu*	to order
blin	sorry	*gosod*	to set

Dydd Sadwrn:

Dw i'n teimlo 'mod i ddim wedi cysgu chwinciad, ond sgrech y larwm sy'n fy nihuno. Am eiliad neu ddwy, mae'r gwely'n glyd, mae bywyd yn braf a'r bore yn llawn gobaith. Yna, dw i'n cofio. Dw i'n lapio fy ngŵn nos amdana i a mentro allan i'r coridor. Dw i ddim yn poeni pwy sy'n fy ngweld. Ond mae drws Mam-gu dan glo a does neb yn fy ateb i.

Dw i'n gorfodi fy hunan i fwyta brecwast ac i fod yn ffein wrth bawb sy'n holi am Mam-gu. Yna, dw i'n neidio yn y car ac yn gyrru yn wyllt i orsaf yr heddlu. Dw i ddim yn poeni faint o niwsans ydw i. Mae'n rhaid i fi ffeindio Mam-gu!

---

chwinciad (eb)	a wink	*gorfodi*	to force
clyd	cosy		

13

Busnesa yw peth fel hyn, wrth gwrs. Dyna bydden i'n ei alw. Pe byddwn i'n dal rhywun yn edrych trwy fy mhethau i. Ond mae'n well fy mod i'n chwilio na'r heddlu. O leiaf dw i'n perthyn iddi hi. Cytunodd y Prif Arolygydd Owens i adael i fi chwilio trwy bethau gyntaf. Dyw'r dyn ddim yn fy nghredu o hyd. Ond mae ei bobl yn chwilio am Mam-gu.

Fyddai gyda fi ddim llawer i'w guddio, pe byddai rhywun yn edrych trwy fy ystafell i. Llyfr cyfeiriadau, poteli o hylif personol a dillad nad oes neb ond Derek a'r peiriant golchi yn eu gweld. Pethau preifat. Ond dych chi ddim eisiau pawb yn edrych ar eich dillad isaf brwnt, ydych chi?

Does gan Mam-gu ddim dillad isaf brwnt. Dim byd galla i ei weld. Mae ei dillad isaf hi'n lân, yn gorwedd yn y drôr neu'n hongian ar y *radiator*. Dw i'n cofio'r bag plastig, o Tesco, hanner llawn yn fy ystafell i. Fel pêl wedi colli gwynt.

Dw i'n agor yr ail ddrôr ac ogleuo lafant. Oglau Mam-gu. Dw i'n tynnu cardigan o'r drôr a'i gwasgu yn erbyn fy wyneb. Mae'n gynnes fel lliain 'molchi. Mae'n fy nghysuro fel cwtsh. Yn sydyn, dw i'n teimlo'n flin iawn dros fy hunan a dw i'n llefain y glaw.

---

perthyn i	to be related to	*gwasgu*	to press
llyfr cyfeiriadau	address book	*lliain 'molchi*	washing cloth
hylif personol	toiletries	*cysuro*	to comfort
dillad isaf	underwear	*cwtsh* (eg)	hug
gorwedd	to lie	*llefain y glaw*	to weep
lafant (eg)	lavender		profusely
oglau	aroma		

Pe byddai Mam-gu'n cyrraedd ac yn fy ngweld i nawr, beth fyddai hi'n ei ddweud?

'Dyna ni, cariad. Gad e ma's i gyd. Dyna fydda i'n wneud. Pan fydda i'n colli Dat-cu . . .'

Yna, byddai hi'n fy ngwasgu'n dynn, dynn nes tynnu fy ngwynt, 'Nawr 'te, beth am gael paned fach o de a bisgïen? Mae'r snwcer ar y teledu . . .'

Dw i'n sychu'r dagrau ar gefn fy llaw a siecio'r gardigan. Does yna ddim smotyn o fascara arni, diolch i'r drefn.

Mae'r dillad yn sefyll fel milwyr balch yn y cwpwrdd. Dillad fyddwn i ddim yn gwisgo i fy angladd fy hunan. Siacedi a sgyrtiau yn fôr o liw. Coch, melyn, pinc, piws. Streipiau, smotiau, blodau. Dyw'r dillad ddim yn ddillad hen wraig. 'Dyn nhw ddim yn ddillad person tawel, chwaith. Gall y fenyw yma ofalu drosti'i hunan. Mae'r syniad yn fy nghysuro fel paned boeth. Dw i'n chwilio yn y pocedi am gliwiau. Dw i'n ffeindio losin, hances lês a hanner dwsin o duswsbrwnt.

Dw i'n rhoi'r cês ar y gwely. Mae e mor ysgafn â phluen. Mae Mam-gu wedi ei gau fel pe byddai hi'n cau cloeon Fort Knox. Dw i ddim yn deall pam. Mae'r cês yn wag. Yn sydyn, dw i'n clywed sŵn. Dw i'n rhewi am rai eiliadau. Dim byd. Dw i'n callio. Y peips, dw i'n siŵr. Mae meddwl am yr hen Blas yn fy atgoffa

---

gad e ma's i gyd	let it all out	*gofalu drosti'i hun*	to look after
tynnu fy ngwynt	to take my		herself
	breath away	*cliwiau* (ll)	clues
diolch i'r drefn	thank goodness	*losin* (ll)	sweets
milwyr (ll)	soldiers	*tusws* (ll)	tissues
balch	proud	*ysgafn*	light
angladd (eg)	funeral	*pluen* (eb)	feather
		cloeon (ll)	locks

o waliau cudd a dirgelion eraill. Dw i'n teimlo llawr y cês gyda fy llaw. Yn y gornel dde, mae lwmpyn bach caled. Dw i'n gwthio fy mysedd i gornel y cês a thynnu. Ar ôl tipyn o ymdrech, mae'r gornel yn codi fel caead.

Tu mewn, mae amlen. Mae'n felyn gan oedran. Dw i'n llawn cyffro. Cyn agor yr amlen, dw i'n edrych dros fy ysgwydd. Nawr, dw i *yn* teimlo fy mod i'n gwneud rhywbeth ddylwn i ddim. Busnesa ym musnes rhywun arall. Ond dyw hynny ddim yn fy stopio rhag agor yr amlen. Ynddo, mae llun merch â gwên gyfarwydd. Dw i eiliad neu ddwy cyn cofio pwy yw'r ferch brydferth. Ac yna, mae'n glir. Hi yw'r trysor.

Dw i ddim yn deall. Roedd y lluniau i gyd yn y cadach yn fy nrôr i. Beth mae'r rhain yn ei wneud yng nghês Mam-gu? Mae yna luniau eraill. Y fenyw a dyn. Cariad? Gŵr? Mae'r ddau mor stiff â'u dillad starts. Ond maen nhw'n gwenu'n braf.

Pwy yw hi? Mae'r cwestiwn yn fy mhoeni. Mae'n rhaid ei bod hi'n fenyw arbennig iawn. Roedd rhywun yn ei charu. Rhywun ddylai wybod yn well? Dw i'n craffu eto. Mae rhywbeth . . . dw i ddim yn gallu meddwl beth.

*   *   *

cudd	hidden	*llawn cyffro*	full of excitement
dirgelion (ll)	mysteries		
gwthio	to push	*ysgwydd* (eb)	shoulder
ymdrech (eb)	effort	*cyfarwydd*	familiar
caead (eg)	cover, lid	*stars*	starch
amlen (eb)	envelope	*craffu*	to look closely

Dw i wrth fy modd mewn llyfrgell. Dw i'n hoffi'r heddwch. Mae bywyd yn araf mewn llyfrgell. Mae'r llyfrau fel hen ffrindiau. Dw i'n hoffi edrych ar y teitlau i gyd, cannoedd ar gannoedd ar y silff. Mae llyfrgell y dref yn fach ac yn dawel. Does neb yma ond dyn ifanc a hen wraig (weddw?) sy'n chwilio yn yr adran garu. Dw i'n chwilio yn yr adran hanes, am hanes y Plas. Mae'r hamdden yn hyfryd. Yn y gwaith, 'dyn ni'n gwneud popeth ar gyfrifiadur. Does dim amser i agor llyfr pan mae'r wybodaeth i gyd mewn un tâp bach a sglodyn mawr. Mae'n ras i ffeindio stori cyn y lleill. Mae'n ras i ysgrifennu'r stori cyn y newyddion ar yr awr. Weithiau, dw i'n breuddwydio am symud yn ôl i Gymru. Dw i'n meddwl am gael swydd gall a 'mywyd fy hunan. Ond byddwn i'n colli'r hwyrli bwrli.

Dyma fi nawr yng nghanol stori. Stori sy'n agos iawn at galon fy nheulu i. Mae fy nhrwyn i'n dechrau cosi fel trwyn cwningen. Dw i'n teimlo'r *adrenalin* fel chwistrelliad trwy fy nghorff. Mae fel pe byddwn i yn yr ystafell newyddion yn chwilio am stori. Adran CC, rhes wyth, meddai'r ferch ifanc wrth y ddesg. Syrpreis o lyfrgellwraig. Gwallt melyn hir a bŵts â sodlau. Bŵts i ddenu dynion. Sgwn i pa fath o ddynion mae'n cwrdd â nhw mewn lle fel hwn? Dw i'n tynnu llyfr mawr o'r silff. Mae'n drwm iawn. *Canrif o Hanes*. Dw i'n eistedd ar y llawr a'r llyfr yn fy nghôl.

heddwch (eg)	peace	*sglodyn* (eg)	chip
gwraig weddw	widow	*call*	sensible
adran garu	romance section	*chwistrelliad* (eg)	injection
hamdden	leisure	*denu*	to attract
cyfrifiadur (eg)	computer	*sgwn i*	I wonder
gwybodaeth (eb)	information	*canrif* (eb)	century
		côl (eb)	lap

O'r nefoedd. Ble mae dechrau? Dat-cu Mr Windsor.
Os dw i'n cofio'n iawn, dyna pryd aeth y trysor ar goll.
Dyna pryd ddechreuodd helyntion y Plas. Pryd byddai
fe'n byw? Os yw Mr Windsor tua deugain oed byddai ei
dad tua chwe deg pump a'i ddat-cu tua . . . naw deg?
Dw i'n araf iawn mewn Mathemateg.

Mae'r tudalennau'n ogleuo'n hen ac yn llaith. Mae
smotiau oedran dros y papur. Dw i'n dod o hyd i gofnod
am drysor y Plas. Cafodd ei golli yn y 40au. Byddai
Dat-cu Mr Windsor yn ddyn ifanc bryd hynny:

> Cafodd nifer o emau gwerthfawr eu colli. Collodd hen
> feistres y Plas ddarnau o emwaith, gan gynnwys
> modrwy a mwclis gwerthfawr.

Hen feistres y Plas? Mam dat-cu Mr Windsor, mae'n
debyg. Roedd hi siŵr o fod yn flin iawn pan gollodd
hi'r fodrwy a'r mwclis. Byddwn i'n wyllt gacwn pe
byddwn i'n colli fy mwclis i . . . Na. Na. Byth. Roedd
Dat-cu'n dweud bod gyda fi ddychymyg byw. Callia,
Gwendolin!

Nawr, beth ddwedodd Mam-gu am Mr Windsor?
Roedd e'n dipyn o dderyn gyda'r merched! Efallai ei
fod e'n dipyn o bisyn – yn wahanol i'w ŵyr. Mae Mr
Windsor mor ddeniadol â noson wlyb. Mae ei drwyn yn

---

helyntion (ll)	troubles	*mae'n debyg*	it's likely
deugain/pedwar deg	forty	*yn wyllt gacwn*	infuriated
llaith	damp	*dychymyg byw*	vivid
cofnod (eg)	record		imagination
gemau (ll)	jewels	*callia*	think straight
gwerthfawr	valuable	*deryn* (eg)	cad
gemwaith (eg)	jewellery	*pisyn* (eg)	good-looker
gan gynnwys	including	*ŵyr* (eg)	grandson
modrwy (eb)	ring	*deniadol*	attractive

hir a thenau fel moronen ag anorecsia. Dw i'n ffansïo pip ar yr hen hen Mr Windsor. Sgwn i a oes lluniau? Wrth gwrs, Derek yw'r unig ddyn i fi. Beth bynnag, mae'r hen hen Mr W wedi marw. Cawn ni weld. Aha! Dyma ni. Edward Windsor. Eddie Windsor. Enw dyn drygionus. Ac oedd, roedd e'n olygus. Mae ganddo fe groen gwelw a gwallt ysgol Sul a llygaid . . . direidus. Drygionus, hyd yn oed. Mae yna luniau eraill. Meistr a Meistres y Plas. Meistr, Meistres ac etifedd y Plas. Y teulu hapus. Ond 'dyn nhw ddim yn edrych yn hapus. Dyn nhw ddim yn gwenu'n braf fel y ddau yn lluniau Mam-gu. Dw i'n sylweddoli fy mod i'n chwarae â fy mwclis. Anrheg Dat-cu. Dw i'n tynnu'r mwclis ac edrych arnyn nhw. Ydyn, mae nhw'n werth arian mawr. Dw i ddim yn arbenigwraig, ond mae nhw'n edrych yn hen. Ai'r mwclis hyn gafodd eu dwyn? Oedd Dat-cu yn lleidr? Roedd e'n dal pysgod i'r Plas, weithiau. Nac oedd. Doedd Dat-cu ddim yn lleidr. Roedd e'n ddiacon yn y capel. Dw i'n rhoi'r mwclis yn fy mag.

Dw i angen hoe. Dw i'n sleifio i'r tŷ bach a llenwi'r sinc gyda dŵr poeth. Mae'r stêm fel niwl ar y drych. Dw i'n golchi fy wyneb. Mae'r dŵr poeth yn helpu i fy adfywio i. Pan dw i'n agor fy llygaid mae'r stêm yn clirio. Dw i'n edrych yn y drych. Dw i'n gweld y llygaid drygionus yn y llun yn edrych yn ôl. Mae'r sioc fel ergyd.

moronen (eb)	carrot	*etifedd* (eg)	heir
pip (eg)	peep	*arbenigwraig* (eb)	specialist
sgwn i	I wonder	*sleifio*	to sneak
drygionus	wicked	*llenwi*	to fill
gwelw	pale	*adfywio*	to revive
direidus	mischievous	*ergyd* (egb)	blow

14

Dw i'n dychwelyd i'r Plas. Mae fy meddwl ar chwâl. Dw i eisiau mynd i fy ystafell am fàth poeth. Dw i eisiau golchi fy ngofidiau mewn sebon. Ond mae Mrs Windsor yn fy stopio.

'Ms Pari. 'Dyn ni wedi ffeindio llythyr . . .'

'Llythyr?' dw i'n gofyn. Dw i ddim yn deall.

'Roedd e yn ystafell Nain. Roedd e wedi cwympo o dan y gwely, wrth i'r forwyn lanhau. Mae'n flin gyda fi, Ms Pari.'

Dw i'n edrych ar yr amlen. Ysgrifen Mam-gu.

Dw i'n eistedd yn fy ystafell yn edrych ar fy enw – Gwendolin – nes i'r llythyrau doddi'n fôr du. Dw i eisiau ei agor. Ond dw i ddim eisiau ei agor. Dw i eisiau gwybod. Os yw Mam-gu wedi gwneud rhywbeth dwl . . . dw i eisiau gwybod. Ond mae ofn arna i. Dw i ofn gweld y geiriau.

Dw i'n troi'r amlen ac yn rhoi fy mys yn y gornel. Dw i'n gorfodi fy hunan i dynnu, ac mae'r papur brau yn rhwygo. Ac eto. Ac eto. Dw i'n tynnu'r llythyr o'r amlen. Un darn papur wedi ei rwygo'n anniben. Roedd Mam-gu ar hast. Mae cyfeiriad y Plas ar y top. Papur am ddim. Dw i'n gorfodi fy hunan i ddarllen. Mae'r ffôn yn canu. Dw i'n ei anwybyddu.

---

ar chwâl	scattered	*rhwygo*	to tear
gofidiau (ll)	worries	*yn anniben*	untidily
ysgrifen (eb)	handwriting	*ar hast*	in a hurry
toddi	to melt	*anwybyddu*	to ignore
brau	fragile		

'Annwyl Gwendolin,
  Paid â phoeni amdana' i . . .'

Mae'r ffôn yn canu o hyd.
'Cariad! . . . Whw! . . .'
Mae'n eiliad neu ddwy cyn i fi sylweddoli bod rhywun yn yr ystafell yn siarad â fi.
'O, da iawn. Cest ti'r llythyr, 'te.'
Mam-gu. Mae Mam-gu yn sefyll o fy mlaen, yn gnawd ac asgwrn.
'Mam-gu! Dych chi 'n fyw!' meddaf.
'Wel, wrth gwrs fy mod i'n fyw,' meddai gan chwerthin.
Dw i'n codi a'i chofleidio'n dynn, dynn.
'Gwendolin! Dw i methu anadlu!'
'Sori. Dw i jest mor falch . . .'
Yna, dw i'n callio. Ble cythraul mae'r fenyw wedi bod?
'Ble dych chi wedi bod? Dw i wedi bod yn poeni amdanoch chi.'
Dw i'n wyllt gacwn!
'Bod? Mae e i gyd yn y llythyr, Gwendolin fach.'
'Pa lythyr?'
'Wel, y llythyr yn dy law. Beth sy'n bod arnot ti, ferch?'
Dw i'n edrych ar y llythyr ac yna ar Mam-gu.
'Nawr dw i'n cael y llythyr. Y funud yma. Ro'n i'n meddwl bod rhywbeth ofnadwy wedi digwydd.'
'O diar. Wel dw i'n ôl nawr. Mae popeth yn iawn. Mae lot fawr o hanes gyda fi . . .'

---

yn gnawd ac asgwrn   in the flesh   *ble cythraul*   where the hell
cofleidio   to hug

'Arhoswch funud. Mae lot fawr o hanes gyda fi, hefyd. Yr heddlu yn un peth. Mae hanner heddlu gogledd Cymru yn chwilio amdanoch chi.'

'Fi? Pam hynny 'te?'

Mae Mam-gu'n chwerthin ar y jôc fawr yma.

'Ro'n i'n meddwl eich bod chi wedi cael eich herwgipio neu . . . neu waeth . . .'

'Callia, Gwendolin. Dw i wedi cael lot o hwyl. A . . .'

Dw i'n edrych arni'n gegagored. Beth nesaf?

'Dw i wedi ffeindio John.'

'John?' meddaf yn siarp.

'John y Plas. Doedd e ddim wedi marw, wedi'r cwbl.'

O'r nefoedd!

Mae Mam-gu'n eistedd – mae ei thraed yn boenus. Does dim byd yn bod ar ei thafod. Mae'n dweud yr hanes i gyd. Dw i'n gwneud paned ac yn gwrando. Dw i'n meddwl am y ffilm, *Shirley Valentine*. Beth fyddai wedi digwydd pe bydden ni wedi mynd i wlad Groeg?!

---

herwgipio	to kidnap	*yn geg agored*	open mouthed

III

Mae'r ferch brydferth yn aros. Mae'n aros amdano fe. Maen nhw'n cwrdd yn yr un lle bob nos. Yng nghanol y goedwig, ger yr onnen fawr.

Mae'r goedwig yn cuddio eu cyfrinach. Mae'n gyfrinach fawr. Pe byddai rhywun yn gwybod . . . Na, does neb yn gwybod. Hyd yn oed ei wraig.

Mae gan y ferch gyfrinach arall, hefyd. Mae'n cuddio yn ei bol. Does neb yn gwybod. Neb ond hi . . . a fe. Roedd hi'n ofni dweud. Ond roedd yn rhaid iddi hi ddweud. Byddai fe'n sylwi wrth iddyn nhw garu. Byddai pawb yn gwybod cyn hir. Roedd hi'n dechrau dangos. Doedd hi ddim yn poeni. Roedd e'n ei charu. Ei charu'n fawr. Edrychwch ar yr anrhegion. Anrhegion drud. Arian, modrwy, mwclis.

Ble mae e? Mae e'n hwyr. Ac mae hi'n oeri. Mae'n tynnu'r fodrwy a'r mwclis a'u cau yn eu dwrn.

Mae'n clywed sŵn. Edward? Dyw hi ddim yn mentro dweud ei enw. Rhag ofn. Llais. Ac un arall. Yn y tywyllwch. Lleisiau dynion. Beth sy'n digwydd? Mae ofn arni hi. Mae hi'n cuddio tu ôl y goeden. Mae'n chwarae â'r fodrwy a'r mwclis yn ei llaw. Mae'n aros yn ddistaw bach. Yna, mae tân yn goleuo'r tywyllwch fel cannwyll. Mae'n gweld wyneb. Wynebau. Mae'n troi ac yn rhedeg nerth ei thraed. Mae'r fodrwy'n disgyn ac yn cael ei sathru o dan draed.

---

cyfrinach (eb)	secret	cannwyll (eb)	candle
oeri	to get cold	disgyn	to fall down
dwrn (eg)	fist	sathru	to trample
yn ddistaw bach	very quietly		

15
Dydd Sul:

'Mae'n rhaid bod hen Ddat-cu yn ddyn ffein iawn,' meddwn i yn y car. Roedden ni'n mynd adref. 'Fyddai pawb ddim eisiau menyw feichiog yn wraig.'

Mae Mam-gu yn defnyddio'r drych i wisgo minlliw. Roedd wedi colli ei minlliw ar ôl rhoi clamp o gusan i John!

'Beth cariad? Oedd, oedd. Roedd e'n ddyn ffein iawn. Roedd hi'n fenyw brydferth, cofia. Menyw brydferth iawn. Fel fi! Dyna beth ddwedodd John.'

Mae'n chwerthin fel menyw mewn cariad.

'Dych chi a John yn dipyn o ffrindiau,' meddaf i. Dw i'n pysgota. Dw i'n gweld parti mawr a Mam-gu mewn ffrog wen. Ond mae Mam-gu yn mynnu bod yna ddim byd 'fel yna' rhyngddyn nhw.

'Mae John yn ffrind da. Byddai Dat-cu yn hoffi John . . . Dat-cu oedd etifedd iawn y Plas, ti'n gweld. Roedd hi'n gyfrinach fawr. Do'n i ddim yn gwybod. Ond dwedodd e'r hanes i gyd cyn iddo fe farw.'

Dw i'n deall o'r diwedd.

'Pam cadw'r gyfrinach?' gofynnaf.

'Gwendolin fach! Sut gallen nhw brofi mai mab y Plas oedd y baban bach? Roedd Gwendolin yn ferch o deulu tlawd. Roedd Edward Windsor yn briod. Pwy fyddai'n ei chredu hi?'

---

beichiog	pregnant	*ffrog wen*	a white dress
minlliw (eg)	lipstick	*mynnu*	to insist
clamp o	a huge	*rhyngddyn nhw*	between them

'Gwendolin . . .?'

'Dyna ble cest ti'r enw. Cofio? Roedd Dat-cu wrth ei fodd gyda'r enw Gwendolin.'

'Dw i'n gwybod beth fyddwn i wedi ei wneud. Byddwn i'n dysgu gwers i'r pwdryn Windsor yna. Byddwn i'n dangos y baban a dweud ei fod e wedi trio fy lladd i. Dweud wrth bawb!'

'Sut byddet ti'n profi hynny? Roedd hyn cyn dyddiau fforensics a phrofion DNA, cofia.'

'DNA . . . Ond dyw hi ddim yn deg!'

'Nac ydy, cariad. Meddylia, gallwn i fod yn feistres y Plas. A ti, wrth gwrs.'

'Ac etifeddu'r problemau i gyd. A gweini ar bobl gwynfanllyd. Dim diolch!'

Nawr, doeddwn i ddim yn teimlo'n euog am gadw'r mwclis.

'O leiaf, roedd John wedi cael gwyliau da. Meddylia. Ro'n nhw wedi rhoi arian iddo i fynd ar wyliau. Rhag ofn ei fod e'n dweud gormod wrthon ni. Maen nhw'n dal i ofni'r gorffennol.'

Mae Mam-gu'n cysgu. Dwy awr arall a bydd hi gartref. Bydd hi'n ddwy awr arall cyn i fi weld fy ngwely. A Derek. Mae'n siŵr ei fod e gartref erbyn hyn.

'Gwelwn ni chi'r flwyddyn nesaf,' meddai Mam-gu wrth Mr a Mrs Windsor yn y dderbynfa. Dw i'n siŵr fy mod i wedi eu gweld nhw'n edrych ar ei gilydd. Doedden nhw ddim yn edrych yn hapus.

---

etifeddu	to inherit	*gweini ar*	to serve
pwdryn (eg)	idler	*cwynfanllyd*	moaning

'Dw i ddim yn addo. Dw i'n brysur iawn yn y gwaith,' meddwn i wrth Mam-gu. Dw i ddim eisiau iddi feddwl am wyliau gyda'n gilydd bob blwyddyn. Os bydd gwaith gyda fi, wrth gwrs. Mae heddlu gogledd Cymru yn meddwl am ddwyn achos yn fy erbyn – am wastraffu amser yr heddlu! Beth byddan nhw'n ddweud yn y gwaith? Bydda i yn y papur lleol. Ym Mryste.

'Efallai fyddi di ddim yn gweithio yno erbyn hynny,' meddai Mam-gu gan ddarllen fy meddwl. 'Efallai fyddi di'n byw yng Nghymru. Wyt ti'n gwybod pwy sy'n dod i de yfory? Mr a Mrs Roberts – mam a thad Llewelyn Rhun.'

Dw i'n cnoi fy nhafod.

'Gofalus! Rwyt ti'n gyrru fel ffŵl!' meddai Mam-gu. Mae hi'n fywiog fel aderyn ar ôl cysgu.

'Mae un peth yn fy mhoeni,' meddaf i.

'Beth, bach?'

'Wel, y corff. Y corff weloch chi. Breuddwydio ro'ch chi?'

'Nage, nage. Ro'n i ar ddihun! Dwyt ti ddim yn gwrando, Gwendolin! Dwyt ti byth yn gwrando. Ro'n i wedi gweld corff. Dw i'n dweud wrthyt ti, mae rhywbeth rhyfedd iawn yn digwydd yn y Plas yna.'

---

addo   to promise   *dwyn achos*   to bring charges

NODIADAU

Mae'r rhifau mewn cronfachau (*brackets*) yn cyfeirio at (*refer to*) rif y tudalennau yn y llyfr.

1. meddwn i   *I said*

Gwelwch chi'r ffurfiau isod ar ôl araith union (*direct speech*) yn y nofel

Amser presennol

meddaf   *I say*

> 'Yn y dderbynfa, dwedoch chi fod Dat-cu yn ŵr bonheddig,' meddaf i i newid y sgwrs. (22)
>
> *'In the reception, you said that Dat-cu was a gentleman.' I say to change the converstation.*

Amser amherffaith

meddwn i   *I said*

> 'Dw i'n brysur iawn yn y gwaith,' meddwn i wrth Mam-gu. (88)
>
> *'I am very busy at work,' I said to Mam-gu*

meddai fe/hi   *he/she said*

> 'Roedd e'n edrych arnat ti,' meddai hi ar ôl i'r gweinydd fynd. (20)
>
> *'He was looking at you,' she said after the waiter went.*

Ffurfiau Berfol

Gwelwch chi'r ffurfiau berfol isod yn y nofel:

Amser Presennol

Gwelwch chi'r ffurfiau amser presennol isod yn y nofel:

dych chi (dach chi)

> 'Dych chi'n hoffi sôn am gyrff marw.' (73)
> *You like talking about dead bodies.*

yw (ydy)

> Bydd e'n flin iawn os yw Mam-gu mewn perygl. (73)
> *He'll be very sorry if Mam-gu is in danger.*

dyn ni (dan ni)

> Dyn ni'n edrych yn ofalus ac yn ofnus tu allan i'r drws. (40)
> *We look carefully and timidly outside the door.*

dyw e ddim (dydy e ddim)

> Trueni dyw e ddim yn siarad Cymraeg yn iawn," meddai Mam-gu yn uchel. (13)
> *It's a pity that he doesn't speak Welsh properly,'" said Mam-gu loudly.*

Amser Amherffaith

Gwelwch chi'r ffurfiau amherffaith isod yn y nofel. Digwydd y ffurf gyntaf yn nestun y nofel a'r gair mewn cromfachau yn y deialogau:

Roeddwn i (Ro'n i)

> Roeddwn i'n siŵr y byddai hi yno. (74)
> *I was sure that she would be there.*

> 'Ro'n i'n meddwl bod rhywbeth ofnadwy wedi digwydd.' (84)
> *I thought that something terrible had happened.*

93

Roedden ni (Ro'n ni)

Roedden ni'n mynd adref. (87)
We were going home.

Ro'n ni'n dwy wedi ymlâdd. (69)
We were both exhausted.

Ro'n nhw (Roedden nhw)

Roedden nhw'n ddillad drud... (10)
They were expensive clothes...

Ro'n nhw wedi rhoi arian iddo i fynd ar wyliau. (88)
They had paid him to go on holiday.

Amser Amodol (*conditional*)
Mae gan y berfenw 'bod' lawer o wahanol ffurfiau yn yr amodol.
Dyma ffurfiau' nofel hon:

Byddwn i (*I would be*)	Bydden ni
Byddet ti	Byddech chi
Byddai fe/hi	Bydden nhw

Hyd yn oed pe byddai Mam-gu yn anymwybodol, byddai hi'n ffeindio ffordd o siarad! (71)
Even if Mam-gu was unconscious, she would find a way of speaking!

Pe byddwn i (If I were)	Pe bydden ni
Pe byddet ti	Pe byddech chi
Pe byddai fe/hi	Pe bydden nhw

Fel pe byddwn i wedi dweud y jôc orau yn y byd. (32)
As if I had said the best joke in the world

Meddiant *(Possesion)*

'da fi

Yn y De, mae 'gyda' yn cael ei ddefnyddio i ddynodi meddiant (*denote possession*). Mae 'gyda' yn aml yn troi'n 'da pan fydd pobl y siarad:

Iaith y De	**Iaith y Gogledd**
Mae car 'da fi	Mae gen i gar

Fyddai dim ots 'da fi golli noson o gwsg a dal annwyd pe byddwn i nawr yn filiwnydd. (70)

I wouldn't mind losing a night's sleep and catching a cold if I were a millionaire now.

Gwelwch chi ffurfiau 'da fi etc. yn neialogau y nofel hon. Yn y testun (*text*) gwelwch chi ffurfiau *gan:* isod

> gen i
> gen ti
> ganddo fe
> ganddi hi

'Mae'n flin 'gen i,' meddai fe yn y diwedd. (13)

'I'm sorry', he eventually said.

Mae ganddo lond pen o wallt gwyn fel eira, a sgerbwd o wyneb. (19)

He has a headful of white hair like snow, and a skeleton of a face

Mae ganddi hi res perffaith o ddannedd fel gemau ar fwclis. (71)

She has a perfect row of teeth like gems on a necklace.

Wyt ti wedi darllen y nofelau i gyd
yng nghyfres

N O F E L A U NAWR

DeltaNet*	Andras Millward
Coban Mair*	Gwyneth Carey
Bywyd Blodwen Jones*	Bethan Gwanas
Beth Nesa?*	Gwen Redvers Jones
Modrybedd Afradlon	Mihangel Morgan
Cadwyn o Flodau	Sonia Edwards
Pwy sy'n Cofio Siôn?	Mair Evans

£3.50 yr un.

Am ragor o wybodaeth cysylltwch â

www. gomer.co.uk

*Nodiadau i diwtoriaid ar gael ar gyfer y nofelau hyn.